Tamara Hinz

Alles,
was ihr tut,
geschehe
in Liebe

Das Buch zur
Jahreslosung 2024

SCM
R.Brockhaus

SCM
Stiftung Christliche Medien

SCM R.Brockhaus ist ein Imprint der SCM Verlagsgruppe, die zur Stiftung
Christliche Medien gehört, einer gemeinnützigen Stiftung, die sich für
die Förderung und Verbreitung christlicher Bücher, Zeitschriften,
Filme und Musik einsetzt.

© 2023 SCM R.Brockhaus in der SCM Verlagsgruppe GmbH
Max-Eyth-Straße 41 · 71088 Holzgerlingen
Internet: www.scm-brockhaus.de · E-Mail: info@scm-brockhaus.de

Soweit nicht anders angegeben, sind die Bibelverse folgender Ausgabe
entnommen:
Neues Leben. Die Bibel, © der deutschen Ausgabe 2002 und 2006
SCM-Verlag GmbH & Co. KG, Witten.

Weiter wurde verwendet:
Lutherbibel, revidiert 2017, © 2016 Deutsche Bibelgesellschaft, Stuttgart. (LUT)
Bibeltext der Neuen Genfer Übersetzung. Copyright © 2011 Genfer Bibel-
gesellschaft. (NGÜ)
Wiedergegeben mit freundlicher Genehmigung. Alle Rechte vorbehalten.

NeÜ bibel.heute, © 2001–2012 Karl-Heinz Vanheiden, www.kh-vanheiden.de.
Alle Rechte vorbehalten.

Umschlaggestaltung: Miriam Gamper-Brühl, www.3kreativ.de
Titelbild: Shutterstock/VerisStudio
Autorenfoto: © Ann-Marie Hinz
Lektorat: Esther Schuster
Satz: τ-leχıs, Heidelberg
Druck und Bindung: GGP Media GmbH, Pößneck
Gedruckt in Deutschland
ISBN 978-3-417-00067-2
Bestell-Nr. 227.000.067

Inhalt

Leben mit der Jahreslosung

»Alles, was ihr tut, geschehe in Liebe!«
1. Korinther 16, 14

… so lautet die Jahreslosung für 2024. Sie wurde von der Ökumenischen Arbeitsgemeinschaft für Bibellesen (ÖAB) ausgewählt und bekanntgegeben. Der Wortlaut entstammt der katholischen Einheitsübersetzung (EÜ).[1]

Als ich gebeten wurde, ein Buch zu dieser Jahreslosung zu schreiben, habe ich sehr gerne zugesagt. Ich dachte: »*Diese* Jahreslosung ist doch mal eine klare und eindeutige Ansage! Kann ja nicht so schwer sein, dazu etwas zu schreiben!« Je mehr ich mich aber mit dem Bibelvers beschäftigte, umso mehr trieb mir der Gedanke an dieses Schreibprojekt die Schweißperlen auf die Stirn. Denn das Thema Liebe, das in diesem Bibelvers steckt, ist so unglaublich umfangreich, dass man ganze Bibliotheken damit füllen könnte – was ja auch bereits durch viele großartige Autoren geschehen ist!

Schweißperlen hin oder her, ich habe mich dann doch darangemacht zu verstehen, was dieser Bibelvers mir und uns sagen will. Herausgekommen ist dieses Buch, das nicht den Anspruch erhebt, das Thema »Leben aus der Liebe« erschöpfend zu behandeln. Dazu ist das Thema viel zu komplex und dazu sind die Lebensbereiche, aus denen wir kommen, viel zu unterschiedlich. Dieses Buch bietet Gedankenanstöße, anhand von denen Sie selbst weiterdenken können. Es will Sie ermutigen zu fragen und zu hinterfragen sowie selbst nach Antworten zu suchen. Denn dass die Sache mit der Liebe gar nicht so leicht ist, wie es auf den ersten Blick scheint, merkt man schnell, wenn man tiefer in das Thema einsteigt.

Der Bibelvers, der als Jahreslosung ausgewählt wurde, entstammt der Feder des Paulus, der uns neben den beiden Korintherbriefen noch viele andere Briefe hinterlassen hat. Kluge und lehrreiche Briefe, die vor geistlichem Leben strotzen. Briefe, die sich an die ersten Gemeinden und damit an gläubige Menschen gerichtet haben. Menschen also, bei denen Liebe *die* Kernkompetenz schlechthin ist.

Nun weiß ich nicht, welche Bedeutung der Glaube in *Ihrem* Leben hat. Vermutlich spielt er eine Rolle, denn sonst hätten Sie nicht nach diesem Buch gegriffen. Dann wird dieses Buch eine Erfrischung und Ermutigung auf dem Weg mit Jesus für Sie sein. Vielleicht wurde Ihnen dieses Buch aber auch von einem wohlmeinenden Nachbarn, einer Arbeitskollegin oder guten Freunden in die Hand gedrückt. Einer dieser »Liebe-Leute« hat es Ihnen als Mitbringsel zur Silvesterparty (neben der Flasche Sekt) oder beim ersten Besuch im neuen Jahr mitgebracht. Oder eine nette Tante hat Ihnen das Buch zur Jahreslosung geschickt. Das macht sie jedes Jahr. Aber Glauben und Bibellesen sind eigentlich nicht so Ihr Ding. Demzufolge ist Ihr Interesse an diesem Buch nur mäßig. Ich lade Sie trotzdem sehr herzlich ein, dieses Buch zu lesen. Es kann sehr lohnend für Sie sein und kostet nicht viel Zeit. Das Buch ist ja nicht sehr dick und nicht allzu umfangreich. Jeden Tag ein Abschnitt zum Beispiel bei der morgendlichen Tasse Kaffee, und Sie sind ruck, zuck durch!

Warum könnte das Buch für Sie interessant sein, wenn Sie sich bisher viel oder auch nur wenig oder gar nicht mit der Bibel beschäftigt haben? Weil wir doch alle in einem Boot sitzen. Wir *alle* (und das meine ich genau so, wie ich es schreibe) sehnen uns nach Liebe. Egal, ob diese Sehnsucht sehr offen zutage tritt oder verschüttet ist. Und wir alle finden es deutlich angenehmer, wenn unser Leben und unsere Beziehungen von Liebe bestimmt sind, als wenn uns Herzenskälte, Lieblosigkeit oder gar Hass am Wickel haben.

Liebe ist also für uns alle gleichermaßen wichtig und wir alle sollten uns immer wieder einmal fragen, welche Bedeutung ihr in unserem Leben zukommt. Vielleicht gibt es die eine oder andere Spur, die Sie beim Lesen dieses Buches entdecken und der Sie folgen können.

In diesem Sinne wünsche ich Ihnen inspirierende Lesestunden und dass das Jahr 2024 ein Jahr voller Liebe für Sie wird!

Tamara Hinz

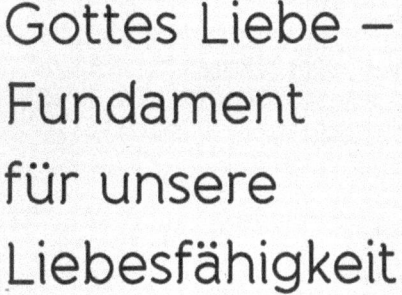

Gottes Liebe –
Fundament
für unsere
Liebesfähigkeit

Wir wollen lieben,
weil er uns zuerst geliebt hat.

1. Johannes 4,19

Kleines 1×1 der Liebe:
Was versteht die Bibel unter Liebe?

Gestern war ich in der Bücherei, weil ich dringend neuen Lesestoff benötigte. Normalerweise bevorzuge ich Krimis mit viel Lokalkolorit, aber diesmal lockte mich das Regal mit Romanen anderer Art. Hier fand ich neben dramatischen Familiengeschichten und bewegenden Biografien vor allem eins: Liebesromane! Manche eher seichter Natur, andere durchaus sehr anspruchsvoll. Aber immer mit dem einen Thema: Liebe! Romantische Liebe, zerbrochene Liebe, verlorene und wiedergefundene Liebe, außergewöhnliche Liebesbeziehungen und Liebe, die unbeantwortet bleibt. Auf der Rückfahrt schaltete ich das Radio ein und eine rauchige Männerstimme sang von der großen Liebe und davon, wie wunderbar es ist, ihr endlich begegnet zu sein. Genervt von so viel »Liebe« schaltete ich um und geriet in eine Sendung über Bindungsangst, über »Generation Beziehungsunfähig«, über Liebe, die sich nicht festlegen will, und Liebe, die klammert, erdrückt und erpresst. Ach du meine Güte, das war ja das reinste Kontrastprogramm!

Wir merken: Liebe ist ein derart facettenreicher Begriff und ein so häufig gebrauchtes Wort, dass wir in einem Schnelldurchgang erst einmal klären müssen, was eigentlich in der Bibel, vor allem im Neuen Testament, unter Liebe verstanden wird und was *nicht*.

In unserer Jahreslosung aus 1. Korinther 16,14 steht im Grundtext (der in griechischer Sprache verfasst ist) für Liebe das Wort *agape*. Das ist auch insgesamt der am häufigsten gebrauchte Begriff für Liebe im Neuen Testament und meint die sich hingebende, selbstlose, von Gott kommende Liebe.

Agape meint die sich hingebende, selbstlose, von Gott kommende Liebe.

Genau diese Liebe soll nach 1. Korinther 16,14 Motivation für unser ganzes Handeln sein.

Gemeint ist hier also nicht die seelische, menschliche Liebe, die in erster Linie auf angenehme Emotionen gegründet ist. Unter diese seelische oder menschliche Liebe fällt beispielsweise die erotische Liebe zwischen Mann und Frau. Das griechische Wort *eros*, das für diese Liebe gebraucht wurde, ist ein Wort, das im Umfeld des Neuen Testaments oft, in der Bibel aber gar nicht benutzt wird.

Ein weiteres griechisches Wort für Liebe ist *philia*, unter dem die freundschaftliche Liebe verstanden wurde. Es ist ein Wort, das im Neuen Testament durchaus öfter verwendet wird (zum Beispiel im Gespräch zwischen Jesus und Petrus in Johannes 21,15-17). Dies ist in unserem Jahreslosungsvers ebenso wenig gemeint wie *sympatheia*, was tendenziell liebendes Mitgefühl oder Mitleid zum Ausdruck bringen sollte.

Darüber hinaus gibt es noch das Wort *storge,* welches die familiäre Liebe, wie wir sie zwischen Eltern, Geschwistern und Verwandten finden, bezeichnet. »Blut ist dicker als Wasser« – so beschreiben wir umgangssprachlich diese enge Bindung. Auch dieses Wort ist im Umfeld des Neuen Testaments gebräuchlich, kommt im Neuen Testament selbst allerdings höchstens als ein mit einem anderen Wort zusammengesetzter Begriff vor.

Es geht also im Neuen Testament und auch in unserer Jahreslosung um die *Agape*-Liebe. Von ihr lesen wir in Römer 5,5: »Denn die Liebe Gottes ist ausgegossen in unsere Herzen durch den Heiligen Geist, der uns gegeben ist« (LUT). Die Erkenntnis, dass Gott uns liebt, und die Fähigkeit, somit auch uns und anderen mit dieser besonderen Liebe zu begegnen, sind also Geschenk und Wirken des Heiligen Geistes und kein Produkt unseres guten Willens und unserer Anstrengung. Liebe, mit der wir in diesem Sinne unser Leben gestalten sollen und können, ist göttliches Wirken in unsere Wirklichkeit hinein und entzieht sich damit unserer menschlichen Machbarkeit! Alles, was wir tun können, ist, Hindernisse, die das Wirken des Geistes Gottes in uns blockieren oder gar unterbinden, auszuräumen, um so dem Heiligen Geist mehr Raum zu geben, uns zu gestalten und zu verändern. Ihn einzuladen, uns ganz zu durchdringen und uns mehr und mehr umzuformen, ist effektiver als alles menschliche Bemühen, uns zu verändern, und der fragwürdige Versuch, Liebe zu produzieren.

Wenn wir uns in diesem Buch mit Blockaden für unsere Liebe beschäftigen, die es sich bewusst zu machen und auszuräumen gilt, kann es dabei immer nur darum gehen, dem Wirken Gottes, uns mit seiner Liebe zu beschenken, Bahn zu brechen, nie aber um ein Produzieren dieser Liebe an sich! Das kann ich nicht, und das können Sie nicht. Versuchen wir es doch, werden wir irgendwann resignieren, weil wir uns etwas vorgenommen haben, was gar nicht in unseren, sondern in Gottes Zuständigkeitsbereich fällt.

Das heißt: Anstatt uns für das kommende Jahr vorzunehmen, auch unangenehme Situationen von jetzt an mit mehr Hingabe und Liebe zu bewältigen oder beim nächsten Mal, wenn der andere uns wieder blöd kommt, mit zusammengebissenen Zähnen trotzdem nett und freundlich zu sein, können wir vielleicht einige Zeit einfach nur darum beten, dass der Heilige Geist sich in uns Raum schafft und uns mit Gottes Liebe beschenkt. Mehr nicht. Aber das immer wieder. Stur und ganz beharrlich. Dann wird etwas in unserem Leben passieren – davon bin ich fest überzeugt!

Dietrich Bonhoeffer schreibt in seinem Buch »Gemeinsames Leben«: »Seelische Liebe liebt den anderen um seiner selbst willen, geistliche Liebe liebt den anderen um Christi willen.«[2] Das ist der Unterschied! Wenn göttliche Liebe in uns am Werk ist, spielt es keine Rolle, ob der andere zu mir passt oder ob er mir sympathisch ist und ich mich in seiner Gegenwart gut fühle. Sondern ich gehe auf ihn zu und nehme ihn an, weil Christus in mir lebt und er in mir den anderen liebt. Göttliche, geistliche Liebe grenzt den Fremden, den Andersdenkenden nicht aus, sondern überwindet diese Grenzen und nimmt ihn in die Gemeinschaft mit hinein. Und göttliche Liebe ist bereit, etwas zu tun, das weit über das menschliche Vermögen hinausgeht. Wie wunderbar, dass Gott uns mit *dieser* Liebe beschenken will!

Die Liebe ist das Einzige, was die Kinder Gottes von den Kindern des Teufels unterscheidet. Hörst du: das Einzige. Wer die Liebe hat, ist aus Gott geboren; wer sie nicht hat, ist nicht aus Gott geboren. Das ist das große Zeichen, der große Unterschied.

Augustinus

IMPULS

Die Aufforderung, alles aus der Gesinnung der Liebe heraus zu tun, ist ein hoher Anspruch, der mich vollkommen überfordert. Schon jetzt fallen mir unzählige Situationen, Handlungen und Menschen ein, für die meine Liebe ganz sicher nicht reichen wird. Wie befreiend ist es zu hören, dass ich diese Liebe auch gar nicht selbst produzieren muss, sondern nur weiterzugeben brauche, was ich von Gott empfange. Das wird meine einzige Aufgabe in diesem Jahr sein: Morgens mit geöffneten Händen vor Gott zu stehen und zu bekennen: »Herr, meine Liebe reicht nicht für alle herausfordernden Situationen und Begegnungen an diesem Tag. Ich brauche dich und deine Liebe. Komm du selbst und fülle mein Herz!«

Das Fundament:
Die Liebe Gottes empfangen

Voraussetzung dafür, dass wir die *Agape*-Liebe in uns tragen, ist, dass wir uns von Gott mit dieser Liebe beschenken lassen und zunächst einmal verstehen, wie sehr *er* uns liebt. Aber wie bekommen wir Zugang zu Gott als Liebesquelle, aus der sich unser Leben dann speist?

Die Sehnsucht in uns

Alles beginnt damit, dass wir uns unserer Sehnsucht nach Liebe stellen. Denn wir alle haben das tiefe Bedürfnis, geliebt, angenommen und uneingeschränkt bejaht zu sein.

Gerade Menschen, die in ihrer Kindheit keine oder nur wenig Liebe erfahren haben, tragen an dieser Stelle ein großes Defizit in sich. So ging es auch mir: Als Kind einer alkoholkranken Mutter kam einfach zu wenig Liebe bei mir an. Sicher, meine Eltern haben mich auf ihre Weise durchaus geliebt, aber aufgrund der Sucht mit all ihren schrecklichen Folgen waren sie einfach viel zu sehr mit sich selbst beschäftigt, als dass sie uns Kindern ein gesundes Maß an Liebe hätten geben können. Wir waren diesbezüglich permanent unterversorgt. Eine ständige Frage meiner Kindheit war: »Wenn meine Mama mich lieb hat, warum hört sie dann nicht einfach auf zu trinken?« Der Rückschluss für mich lag nahe: Ich bin nicht wichtig und liebenswert genug, dass meine Mama dem Teufel Alkohol endlich Einhalt gebietet! Erst viel später habe ich verstanden, dass Alkoholismus eine Krankheit ist, die die Betroffenen gefangen nimmt, sodass sie nur noch sich selbst und den Alkohol sehen. In ihrer Abhängigkeit *können* sie andere gar nicht lieben. Ihre »Liebe« gilt dem Alkohol. Mit mir als Person hatte dieses Nicht-lieben-Können gar nichts zu tun. Aber die Überzeugung, nicht liebenswert zu sein, hatte sich dennoch tief in meiner Seele eingenistet. Jesus hat an dieser Stelle viel in mir geheilt und auch professionelle Hilfe hat ihren Teil dazu beigetragen. Dennoch habe ich hier bis heute meine »Achillesferse«, an der ich verletzbar bin und auf die ich achthaben muss.

Unser Grundbedürfnis nach Liebe wird aber auch in intakten Familien und späteren Partnerschaften nicht gänzlich befriedigt. Denn selbst die besten Eltern und Partner machen Fehler und geben uns nicht immer die Liebe, die wir brauchen. Und das weitere Leben beinhaltet sowieso zahlreiche Situationen und Begegnungen, die in uns Gedanken auslösen können wie »Du bist nicht gut genug, um geliebt zu werden!«, »Siehst du, du hast schon wieder versagt – so jemand wie du verdient keine Liebe!« oder »Schau mal, die anderen wollen dich nicht dabei haben – du bist eben nicht liebenswert!«.

Weil das Empfinden »Ich werde nicht geliebt« so unendlich schmerzhaft ist, überspielen und verdrängen wir es oder suchen nach Ersatzbefriedigungen. Wir tun Dinge, die uns die Bewunderung oder Anerkennung anderer Menschen sichern. Das fühlt sich zumindest ein bisschen wie »Liebe« an. Wir suchen in Beziehungen nach der ultimativen Liebe, wir verhalten uns angepasst, damit andere uns mögen, oder lenken uns mit pausenloser Aktivität und Arbeit ab. Schlimmstenfalls kann dieser Schmerz über unsere nicht gestillte Liebessehnsucht in einer wie auch immer gearteten Sucht münden.

Viele der eben genannten Verhaltensweisen sind nicht per se ungesund oder schlecht. Das Leben mit all seinen Möglichkeiten zu lieben und darin Befriedigung zu finden, gehört zu unserem gottgewollten Menschsein. Und die Liebe von Menschen zu unserem Wohlgefühl zu brauchen, sie zu suchen und uns an ihr zu freuen, ist zutiefst schöpfungsgemäß. Denn Gott hat uns als soziale Wesen geschaffen, die in ihrem Miteinander Liebe geben und Liebe empfangen können.

Dennoch bin ich der Überzeugung, dass unsere tiefe Sehnsucht nach Liebe letztlich nur bei Gott gestillt werden kann. Denn Gott *ist* die Liebe (vgl. 1. Johannes 4,16). Er gibt nicht nur Liebe, sondern sein ganzes Wesen ist Liebe. Wer echte und bedingungslose Liebe sucht, wird bei Gott fündig, ja, er kommt letztlich nicht an Gott vorbei.

Die Bibel erzählt uns auf den ersten Seiten, dass der Mensch im Ursprung für eine ungetrübte Beziehung mit diesem **Unsere tiefe Sehnsucht nach Liebe kann letztlich nur bei Gott gestillt werden.** Gott der Liebe geschaffen war und ist. In der Beziehung mit ihm fand der Mensch absolutes Glück, vollkommene Annahme und Erfüllung. Der Plan war, dass der Mensch bei Gott alles bekommt, was er braucht. Auch und vor allem ... Liebe!

> Nimm recht viel von Gottes Liebe in dich auf, dann verlangst du nicht mehr das Unmögliche von menschlichen Beziehungen.
>
> *Oswald Chambers*

IMPULS

Wie versuche ich, meine Sehnsucht nach Liebe zu stillen? Sind die Wege, die ich eingeschlagen habe, hilfreich und lebensförderlich oder bringen sie mich in eine ungesunde Schräglage?

Auf dem Weg zur vollkommenen Liebe

Was können wir nun unsererseits tun, um mit Gott, der die Liebe ist und der uns seine Liebe schenken will, in Kontakt zu treten?

Wir können den Kontakt zu Menschen suchen, die von sich sagen, dass sie diesen liebenden und Erfüllung schenkenden Gott kennen. Menschen, die nicht nur einer gewissen Religiosität oder Glaubensüberzeugung folgen, sondern denen wir abspüren, dass sie die *Agape*-Liebe in sich tragen. Auch diese Menschen sind nicht vollkommen und auch sie haben ihre Defizite, aber trotzdem scheinen sie »irgendwie« angekommen zu sein. Viele, die ihren Weg zu Gott gefunden haben, erzählen rückblickend davon, dass solche »Liebe-Menschen« ihren Weg gekreuzt haben: Menschen, die ihnen von der Liebe Gottes erzählt und ihnen sehr anschaulich gezeigt und vorgelebt haben, was es bedeutet, aus dieser Liebe heraus zu leben. Wenn Sie selbst suchend sind und solche Menschen kennen, dann intensivieren Sie diesen inspirierenden Kontakt und lassen Sie sich von ihnen den Weg und die nächsten Schritte hin zu Gott zeigen.

Fangen Sie an, in der Bibel zu lesen, denn hier stellt Gott sich vor und hier erzählen Menschen im O-Ton, wie sie ihn erlebt haben. Wir lesen in der Bibel von Gottes Liebesgeschichte mit den Menschen und erfahren etwas davon, wie er ist. Dadurch wissen wir, dass er faszinierend, andersartig, heilig, aber auch treu, zuverlässig und uns absolut zugewandt ist. Dass er ... die Liebe ist! In diesem Buch offenbart er seine Liebe zu uns und spricht durch seinen Heiligen Geist konkret in unser Leben hinein. Wenn Sie Gott schon etwas kennen, dann wissen Sie bereits, dass Gott in der Bibel zu finden ist und sich unter anderem dadurch offenbart. Falls Sie noch keine Bibel haben, besorgen Sie sich eine moderne, gut lesbare Bibelübersetzung (zum Beispiel die, die den Bibelzitaten in diesem Buch zugrunde liegt, siehe Impressum), suchen Sie im Inhaltsverzeichnis nach dem Neuen Testament und fangen Sie beim Lesen dort an. Denn hier wird das Wichtigste berichtet: Gottes Menschwerdung in Jesus und alles, was danach geschah.

Eine weitere Möglichkeit, mit dem Gott der Liebe in Verbindung zu treten, ist, dass Sie beten. Sie brauchen dafür keine vorgefertigten Gebete zu suchen, sondern können ganz natürlich das zum Ausdruck bringen, was Ihnen auf dem Herzen liegt. Etwa so: »Gott, ich kenne dich nicht, aber ich habe gehört, dass du meine Sehnsucht nach Liebe stillen kannst. Deswegen komm du bitte in mein Leben hinein und zeige mir, wer du wirklich bist.« Das wären zum Beispiel meine Worte. Sie können ganz andere Worte wählen. Reden Sie so mit Gott, wie es zu Ihnen passt.

Das Geniale ist, dass auf all diesen Suchbewegungen unsererseits ein Versprechen Gottes liegt. Sie finden es im Alten Testament, dem ersten Teil der Bibel:

Wenn ihr mich sucht, werdet ihr mich finden;
ja, wenn ihr ernsthaft, mit ganzem Herzen
nach mir verlangt, werde ich mich von euch
finden lassen, spricht der HERR.

Jeremia 29,13-14

IMPULS

Weil ich eine tiefe Sehnsucht nach der
Liebe Gottes habe und ihn kennenlernen
möchte, werde ich im kommenden Jahr
den Spuren folgen, die mir den Weg zu
diesem Gott zeigen. Diese Suche soll vor
allem anderen Priorität haben, denn auch
ich will endlich ankommen!

Die Wahrheit über uns selbst

Wenn wir Gott suchen und einladen, dann wird er
sich finden lassen und uns begegnen. Das wird er
tun! Sie können also ganz gespannt und voller Erwartung durch die nächsten Tage und Wochen gehen. *Was* geschieht und *wie* es geschieht, kann ich
Ihnen nicht sagen, denn die Geschichten, die Gott
mit Menschen schreibt, sind sehr unterschiedlich.
Und *Sie* haben Ihre ganz eigene Geschichte!

Aber was durchgängig bei allen Menschen einsetzt, die nicht nur irgendein spirituelles Erlebnis suchen, sondern dem Gott begegnen wollen, von dem uns die Bibel erzählt, ist die Erkenntnis, dass wir nicht einfach bei Gott hereinspazieren und sagen können: »Hallo Gott, hier bin ich!« Nein, es beginnt zunächst einmal ein recht schmerzhafter Prozess der Selbsterkenntnis. Auf einmal wird uns klar: Gott ist Gott und wir sind nur Menschen. Gott ist großartig, heilig, wunderbar, wunderschön und vollkommen. Wir aber ... sind es nicht. Genauso wenig, wie wir uns als Menschen beispielsweise der Sonne einfach nähern oder Starkstrom anfassen können, genauso wenig können wir uns Gott einfach nähern und ihm begegnen. Wir würden vergehen.

Genauso wenig, wie wir uns der Sonne einfach nähern oder Starkstrom anfassen können, können wir uns Gott einfach nähern.

Warum ist das so? Wenn doch der Mensch eigentlich für eine innige Beziehung mit Gott geschaffen wurde, eine Beziehung, in der er alles findet, was er sucht – wieso ist dann diese Beziehung gestört und Gott für uns so *un*-nahbar? Auch dazu erzählt die Bibel am Anfang eine wunderbar tiefe und bildreiche Geschichte. Sie finden die Geschichte vom Sündenfall in 1. Mose 3,1-13. Die Kernbotschaft dieser Geschichte lautet: Der Mensch, der bei Gott absolutes Glück, vollkommene Annahme, Liebe und Erfüllung erlebte, hat Gott und seine Vorstellungen für unser Leben infrage gestellt und hat sich damit selbst aus dieser Beziehung gelöst. Er wollte selbst bestimmen, was für ihn gut und richtig ist, und hoffte, noch mehr Glück und Erfüllung jenseits des Gartens Eden zu finden. Und das tut er immer wieder! Bis heute. Denn bei dem, was hier beschrieben ist, handelt es sich nicht um einen Einzelfall, der am Anfang der Menschheitsgeschichte stand. Was hier beschrieben wird, kennzeichnet das grundsätzliche Wesen des Menschen, benennt das, was in uns allen steckt.

Denken Sie mal einen Augenblick darüber nach, wie viele gute innere Impulse Sie im Laufe eines Tages oder einer Woche haben. Liebes-Impulse, die von Gott kommen: Statt schlecht über jemanden zu reden, wäre es besser zu schweigen. Statt mich von meinem Egoismus beherrschen zu lassen, sollte ich mich überwinden und helfen oder verzichten. Statt den bequemeren Weg zu gehen und alles laufen zu lassen, sollte ich jetzt besser eine klare Grenze setzen. Statt mich vor dieser Verpflichtung zu drücken, wäre es fairer, Wort zu halten. Und so weiter. Gott gibt uns eine Menge gute Impulse, denen wir folgen könnten. Aber wir entscheiden uns oft, doch lieber unseren eigenen Kopf durchzusetzen oder unseren momentanen Bedürfnissen Raum zu geben.

Irgendwie scheinen wir als Menschen per se so etwas wie eine innere Rebellion gegen Gott und seine guten Weisungen in uns zu tragen. Damit sind und bleiben wir von Gott getrennte Menschen, die sich immer wieder gegen Gott wenden und das Ziel, eine intakte Beziehung mit Gott, immer wieder verfehlen. Und genau das meint die Bibel, wenn sie sagt, dass wir alle »Sünder« sind. Und zwar ausnahmslos alle!

> Keiner ist gerecht – nicht ein Einziger. Keiner ist klug; keiner fragt nach Gott. Alle haben sich von Gott abgewandt; alle sind für Gott unbrauchbar geworden. Keiner tut Gutes, auch nicht ein Einziger.
>
> *Römer 3,10-12*

IMPULS

Wie geht es mir mit der Diagnose, die die Bibel, ja, Gott selbst in Bezug auf mich und mein Leben stellt? Vielleicht sträubt sich alles in mir: Ich finde dieses Gerede von »Sünde« vorsintflutlich und für die heutige Denk- und Lebensweise absolut unpassend. Vielleicht hat mich aber auch eine tiefe Selbsterkenntnis erfasst. Meine Fassade mag ganz annehmbar sein, aber dahinter – das weiß ich doch nur allzu gut – tun sich Abgründe auf. Und ich muss zugeben: Gott und Mensch, Gott und ich, wir passen einfach nicht zueinander!

Das Geschenk der Liebe annehmen

Wenn Sie in dieser Weise die Wahrheit über sich erkannt haben, kann es sein, dass Sie nun sagen: »Okay, dann muss ich mich nun eben anstrengen und mich ändern. Ich versuche von jetzt an, so zu leben, wie es Gott gefällt.« Das haben schon viele Menschen versucht. Fromme Menschen und sehr religiöse Menschen haben sich um solch ein gottgefälliges Leben bemüht. Im Grunde sind sämtliche Religionen, die es gibt, nichts anderes als der Versuch, ein besserer Mensch zu werden und damit Gott zu gefallen und ihn gnädig zu stimmen. Zum Beispiel durch Opfer, durch Taten der Barmherzigkeit, durch Meditation oder durch Askese. Viele dieser Bemühungen, aus eigener Kraft ein besserer Mensch zu werden, sind durchaus achtenswert und bringen bewundernswerte Resultate hervor.

Aber sich mit eigener Anstrengung Zugang zu Gott verschaffen zu wollen, ist ein sehr, sehr anstrengender Weg. Denn auf diesem Weg wird Sie immer wieder die Erkenntnis einholen: »Ich schaffe es einfach nicht!« Abgesehen davon werden Sie nie die innere Gewissheit haben, ob das, was Sie tun, auch wirklich ausreicht und zum Ziel führt.

Gott hat dieses Dilemma gesehen. Aber Gott liebt uns so sehr! Er will um jeden Preis, dass wir in die Gemeinschaft mit ihm zurückfinden. Er sieht unsere verzweifelten Versuche, unsere Sehnsucht nach Liebe auf andere Weise zu stillen, und lädt uns ein: »Komm doch zurück! Komm doch zu mir! Ich selbst mache den Weg dafür frei!« Und so ist er selbst in Jesus auf diese Welt gekommen. Jesus war Gott zum Anfassen. In Jesus war sie sichtbar und spürbar – die große Liebe Gottes zu uns Menschen. Menschen, die ihm begegneten, wurden innerlich und äußerlich heil, weil sie von dieser Liebe erfasst wurden.

Gott hat in Jesus unter uns gelebt. Es war ein sehr einfaches Leben unter den Armen und Bedürftigen. Gerade ihnen hat Jesus sich zugewandt. Gott hat sich in seiner Liebe nicht gescheut und war sich nicht zu schade, unser oft sehr leidvolles Leben mitzuleben. Aber nicht nur das: Um uns zu zeigen, wie groß seine Liebe zu uns ist, ist er in Jesus sogar unseren Tod mitgestorben. Es war ein sehr grausamer Tod, denn Jesus wurde von seinen Gegnern zu Tode gefoltert. Die Kreuze in unseren Kirchen erinnern daran: Jesus ist sogar durch dieses letzte, finsterste Tal hindurchgegangen und hat sich dem nicht entzogen, um Ihnen und mir zu zeigen: »Ich bin da. Ich bin auch in deinen dunkelsten Stunden bei dir. Meine Liebe trägt dich durch!«

Der Tod von Jesus war allerdings mehr als ein physisches Geschehen. In seinem Sterben hat Jesus auf geheimnisvolle Weise all unsere Dunkelheit und Abgründe, all unsere Schuld und Sünde auf sich genommen und hat das, was wir eigentlich an Konsequenzen hätten tragen müssen, selbst ertragen. Hat unsere selbst verschuldete Gottesferne ertragen. Mit seinem Sterben am Kreuz hat Gott selbst in Jesus die ursprüngliche Verbindung zwischen Gott und Mensch wiederhergestellt. Die Balken des Kreuzes sind wie eine Brücke über den Abgrund, der Gott und Mensch trennt. Eine Brücke, die für jeden offen ist und die auch niemals gesperrt sein wird. Das Einzige, was wir tun müssen, ist, diesen Weg zu gehen!

Und das ist die wahre Liebe: Nicht wir haben Gott geliebt, sondern er hat uns zuerst geliebt und hat seinen Sohn gesandt, damit er uns von unserer Schuld befreit.

1. Johannes 4,10

IMPULS

Der Weg, meine Sehnsucht nach Liebe bei Gott stillen zu lassen, geht nicht über meine eigene Anstrengung, sondern darüber, das Geschenk vom Kreuz anzunehmen. Was für ein unfassbar großes Zeichen seiner Liebe zu mir ist das, was Jesus getan hat! Gerne und demütig nehme ich dieses Geschenk an und gehe den Weg über das Kreuz hin zu Gott.

Ich weiß jetzt: Ich bin geliebt! Ich bin wertvoll, so wertvoll, dass jemand sogar sein Leben für mich gab. Ich habe von nun an Zugang zu der Quelle, aus der unaufhörlich Liebe fließt: zu mir selbst und zu anderen. Ja, ich bin endlich angekommen!

Geliebt! Vom Kopf ins Herz

Gott liebt Sie! Jesus liebt Sie! Werden Sie von dieser wahrhaft weltbewegenden Botschaft in jeder Faser Ihres Seins ergriffen oder denken Sie: »Das habe ich doch schon tausendmal gehört – das ist ja nun wirklich nichts Neues«, und blättern gelangweilt weiter? So, wie zuletzt beschrieben, erging es mir lange Zeit mit dieser Botschaft und, wenn ich ehrlich bin, tut es das auch immer wieder: Das Weltbewegende bewegt mein Inneres nicht mehr. Deswegen brauche ich immer wieder Gottes Reden und die Berührung seiner Liebe, die mich neu tief in meinem Innern erreicht.

Bei mir gibt es solche ganz besonderen Berührungspunkte oft im alltäglichen Geschehen, in der Normalität und in scheinbar ganz banalen Dingen. Vor einiger Zeit hat mich zum Beispiel eine Liebesszene in einem Film auf diese Weise berührt. Es war in einem Moment, in dem ein Mann seine Geliebte mit einem ungeheuer intensiven Blick bedachte. In diesem Augenblick kam es mir so vor, als würde Jesus zu mir sagen: »Tamara, so schaue ich dich an. So viel Liebe ist in meinem Blick. Mit solch einer Intensität nehme ich dich und deine Person wahr. Du bist meine Geliebte.« Und plötzlich hatte ich etwas von der Liebe Gottes zu mir zutiefst begriffen: Ich bin eine Geliebte Gottes! Begriffen hatte ich das nicht durch eine Predigt, nicht während einer inhaltsschweren Stillen Zeit, nicht im Gebet auf den Knien – nein, sondern durch einen ganz profanen, wenn auch sehr anrührenden Liebesfilm!

Wahrgenommen von ihm

Je nachdem, wie wir zu Gott und dem Glauben an ihn stehen oder wie wir in Sachen Frömmigkeitsstil geprägt sind, fällt es uns vielleicht schwer, von einer Liebesbeziehung mit Gott zu sprechen. Aber wenn wir in der Bibel beispielsweise das Buch des Propheten Hosea lesen, dann staunen wir, mit was für einer werbenden, zärtlichen, in unseren Ohren schon fast erotisch anmutenden Sprache Gott zu seinem Volk spricht. Hier kommt nicht der Chef zu Wort, der sachlich und distanziert Mängel aufdeckt und klare Ansagen macht, sondern der zutiefst verletzte Geliebte, der mit Seilen der Liebe versucht, sein Volk zu sich zurückzuziehen (Hosea 11,4). Und so umwirbt Gott auch uns in einer ganz zarten und feinen Weise, um uns mit seiner Liebe zu beschenken.

In dieser Weise geliebt zu sein bedeutet, dass uns jemand wirklich wahrnimmt. Unser Aussehen, unsere Persönlichkeit, unsere Begabungen, unsere Ausstrahlung – eben das ganze Sosein unserer Person. Da ist jemand, der das nicht nur hinnimmt, nicht nur registriert, sondern der davon angerührt und begeistert ist. Geliebt zu sein bedeutet, dass da jemand ist, der uns anhört. Der richtig interessiert zuhört. Der auch nach einer Woche noch bis ins Detail weiß, was wir erzählt haben, weil er wirklich Anteil nehmend und uns zugewandt zugehört hat.

Viele Menschen leiden darunter, dass sie als Person nicht richtig wahrgenommen und gehört wurden oder werden. Keine Rolle zu spielen und keine Bedeutung zu haben, ist schlimm und hinterlässt in uns ein Gefühl tiefster Wertlosigkeit.

Solch eine Frau ist Hagar, von der uns die Bibel in 1. Mose 16 erzählt. Sie lebt und arbeitet als Sklavin bei Sarah und Abraham. Als Sklavin ist sie recht- und mittellos und hat den einzigen Zweck, das Leben ihrer Herrin angenehm zu gestalten und niedere Dienste zu verrichten. Sie wird gebraucht für jemand anderen – sie kann keine eigenen Lebensperspektiven entwickeln und hat keine Gestaltungsmöglichkeiten oder Handlungsspielräume. Sie ist nur Sklavin und wird nicht als eigenständige Person wahrgenommen. Und dann kommen Sarah und Abraham auch noch auf die »geniale« Idee, Hagar zu benutzen, um an den lang ersehnten Nachwuchs zu kommen. Abraham soll mit Hagar schlafen und mit ihr ein Kind bekommen. Dieses Kind würde dann als das von Abraham und Sarah gelten. Hagar wird wieder gebraucht für die Ziele anderer. Wie schmerzhaft muss das gewesen sein! Daran ändert auch die

Tatsache nichts, dass diese Maßnahme damals eine durchaus gängige Methode war, um an den so nötigen Nachwuchs zu kommen.

Hagar wird tatsächlich schwanger. Und auf einmal wittert sie Morgenluft: Endlich ist sie mal die, die »oben« ist, und prompt wird sie stolz und überheblich und fängt an, Sarah wegen ihrer Kinderlosigkeit zu verachten. Das Opfer wird zum Täter. Sarah platzt irgendwann der Kragen und sie beschwert sich recht wortgewaltig bei Abraham. Der zieht sich aus der Verantwortung und überlässt es seiner Frau, allein mit der Situation fertigzuwerden, mit den Worten: »Sie ist deine Sklavin. Mach mit ihr, was du für angebracht hältst« (Vers 6). Sarah fängt nun ihrerseits an, Hagar zu schikanieren, wo sie nur kann, und wird dabei nicht gerade zimperlich gewesen sein. Sie spielt Hagar so übel mit, dass die ihre Sachen packt und das Weite sucht. In der Wüste, an einer Quelle sitzend, findet sie der Engel des Herrn. Gott ist diese scheinbar so unbedeutende Sklavin so wertvoll, dass er sich aufgemacht hat, sie unter der sengenden Wüstensonne zu suchen und ihr zu begegnen. Hagar erfährt die bedingungslose Zuwendung Gottes und ist zutiefst bewegt. Am Ende dieser Begegnung heißt es von ihr: »Da nannte Hagar den Herrn, der zu ihr gesprochen hatte, El-Roï. Denn sie sagte: ›Ich habe den gesehen, der mich sieht!‹« (Vers 13).

Endlich ist da jemand, für den sie Bedeutung hat, der sie hört und sieht. Die Wunde mit dem Namen »Ich werde nicht gesehen« hat in der Begegnung mit

Gottes Liebe Heilung erfahren. Was für eine wunderbare Erfahrung, die auch wir machen, wenn wir der Liebe Gottes begegnen:
nicht nur jemand zu sein, **Die Wunde mit dem Namen** der funktioniert, sondern **»Ich werde nicht gesehen« hat** jemand zu sein, dem Gott **in der Begegnung mit Gottes** sich zuwendet. Jemand, der **Liebe Heilung erfahren.** damit in seiner vielleicht sehr notvollen Situation gesehen und wahrgenommen wird: »Ich bin dein Gott, der dich sieht!«

> Es gibt nichts Schöneres, als geliebt zu werden, geliebt um seiner selbst willen oder vielmehr trotz seiner selbst.
>
> *Victor Hugo*

IMPULS

Vielleicht ist für mich das Wissen, von Gott geliebt zu sein, genau das: ein reines Kopfwissen, das mein Herz nicht erreicht und deswegen auch keine Kraft hat, mich zu verändern. Wenn dem so ist, kann ich Gott heute bitten, mich noch einmal oder ganz neu in der Tiefe meines Seins mit seiner Liebe zu berühren. Ich bin gespannt, was er tun wird!

Als Geliebte überwinden

Die Geschichte hat kein Happy End. Jedenfalls nicht so eines, wie ich es gerne hätte. Denn Gott fordert Hagar auf, an ihren Platz zurückzukehren. Nicht einfach so, sondern mit einem Auftrag, mit einer Verheißung und Berufung (1. Mose 16,9-11). Und vor allem mit dem Wissen, dass sie eine Wahrgenommene ist: dass da jemand ist, der ihre ganze Situation kennt und sich darum kümmert.

Es gibt in unserem Leben immer wieder notvolle Situationen, aus denen wir nicht ausbrechen und die wir nicht einfach abstreifen können. Gerade dann ist es so wichtig für uns zu wissen, dass wir als Geliebte, als Wahrgenommene, als Gehörte und Berufene durch die Krise gehen. Es macht einen großen Unterschied, ob wir eine belastende Situation einfach nur erleiden und erdulden oder ob wir für diese Situation von Gott eine Berufung und eine Verheißung in der Tasche haben. Und vor allem ein tragfähiges Fundament unter den Füßen, das da heißt: »Ich bin geliebt ... trotz allem!«

Dass Hagar in ihre alte Situation zurückkehren soll, heißt allerdings nicht, dass es immer Gottes Wille ist, in schweren Situationen zu verharren. In Hagars Fall wollte Gott es so und sie tat gut daran, ihm zu gehorchen. Aber an vielen anderen Stellen in der Bibel fordert Gott Menschen auf, stark und mutig zu sein und Schweres nicht einfach hinzunehmen, sondern zu kämpfen und zu verändern. Doch auch dafür brauchen wir das Fundament mit dem Namen »Ich bin geliebt«. Denn in den Auseinandersetzungen und Angriffen, die der Kampf um das Ende einer belastenden Situation mit sich bringt, stellen wir uns selbst nur allzu schnell infrage und verlieren unsere Sicherheit und den Boden unter den Füßen. Gerade dann braucht es das Wissen »Du bist geliebt!«.

Eine Zusage haben wir ganz unabhängig davon, wie Gottes Platzanweisung für uns lautet: »Aber in dem allen überwinden wir weit durch den, der uns geliebt hat« (Römer 8,37; LUT). Paulus schreibt diesen Satz im Rahmen einer Aufzählung von schwierigen Situationen, in die wir in der Nachfolge kommen können und die er tatsächlich durchleiden musste. Und das waren keine Lappalien: Er schreibt von Verfolgung, von Hunger, Kälte und tödlicher Bedrohung. Die Kraft, durch dieses Erleben hindurchzukommen, ja, diese schlimmen Erfahrungen sogar zu überwinden, findet er in Jesus selbst und in der Gewissheit, ein von ihm Geliebter zu sein.

Ein großer Wunsch für mein Leben ist, dass ich eine Überwinderin werde. Egal, ob das nun bedeutet, dass ich etwas Schwieriges aushalten muss, oder ob es heißt, dass ich mich aus einer Situation befreien soll. Ein Überwinder ist jemand, der unabhängig von den äußeren Bedingungen und Umständen in seinem Leben ein gewisses Maß an Glück, Stabilität und Zufriedenheit erfährt. Das ist für mich echte geistliche Reife, das ist wahre Freiheit.

Wie werden wir zu Überwindern? Durch unseren Geliebten! Durch das Wissen, dass unser Geliebter uns und unsere Situation wahrnimmt, uns genau zuhört und uns seine Liebe ständig neu zusichert. Den Status eines Geliebten zu haben, gibt uns Kraft, uns über Situationen zu erheben oder sie in dieser Kraft durchzustehen.

> Gott, gib mir die Gelassenheit, Dinge hinzunehmen, die ich nicht ändern kann, den Mut, Dinge zu ändern, die ich ändern kann, und die Weisheit, das eine vom anderen zu unterscheiden.
>
> *Reinhold Niebuhr*[3]

IMPULS

Manchmal sind die Belastungen, mit denen ich leben muss, sehr groß. Ich will genau hinschauen, ob Gott mich herausfordert, an meiner Situation aktiv etwas zu verändern oder sie anzunehmen. So oder so möchte ich lernen, mein Leben gelassen und souverän zu gestalten. Denn die Überzeugung »Ich bin geliebt« kann mir niemand nehmen!

Ein negatives Selbstbild korrigieren

Manchmal verhindern auch negative Grundüberzeugungen in Bezug auf uns selbst, dass wir von der Liebe Gottes ergriffen werden. Gemeint sind Aussagen, die andere Menschen über uns gemacht, oder vermeintliche Wahrheiten, die wir uns selbst aufgrund unserer Erfahrungen im Leben zurechtgezimmert haben. Da diese Grundüberzeugungen in der Regel schon in unserer (frühen) Kindheit entstehen, sitzen sie, wenn wir sie in späteren Jahren nicht noch einmal überarbeiten, tief in uns. Aus dieser Tiefe heraus steuern sie unser *eigentliches* Fühlen und Denken. Wenn wir dann hören: »Du bist von Gott geliebt!«, nicken wir das zwar ab, denn so steht es schließlich in der Bibel, und unser Verstand glaubt das auch. Aber unsere *eigentlichen* Grundüberzeugungen torpedieren diese gute Nachricht von innen her und flüstern uns zu: »Das mag ja für andere gelten, aber ...«

Und dann stehen in Gedanken unsere inneren Ankläger auf und sagen: »Was heißt schon ›geliebt‹? Die Wahrheit ist doch: Du genügst nicht! Du bist ein Versager und kriegst nichts auf die Reihe!«, »Du bist nur wertvoll, wenn du auch so viel leistest und so viel kannst wie ...«, »Du bist eine Zumutung!«, »Wenn das jemand wüsste – du solltest dich schämen!«, »Du bist eigentlich gar nicht gewollt und bist eine Last!«, »Du bist nicht wichtig!« oder: »Du bist dumm/hässlich/ungeschickt ... So sieht's doch eigentlich aus!«.

Vielleicht haben prägende Bezugspersonen tatsächlich so etwas zu uns gesagt. Das ist schlimm! Denn als Kinder glauben wir den Erwachsenen vorbehaltlos und hinterfragen diese Aussagen nicht. Vielleicht haben wir aber auch Erfahrungen gemacht, die diese Überzeugungen in uns fest zementiert haben. Etwa, weil Spielkameraden uns ausgegrenzt haben, weil wir uns mit anderen verglichen haben, weil wir in unseren Augen etwas Schlimmes getan haben und so weiter.

So oder so ist es wichtig, dass wir diese alten, unwahren Sätze überwinden und hinter uns lassen, damit die guten Worte Gottes von seiner Liebe bei uns überhaupt ankommen können. Was kann uns dabei helfen? Viele dieser Überzeugungen sind, wie gesagt, längst in unser Unterbewusstsein gewandert und steuern uns von dort aus ganz automatisch. Machen Sie sich deshalb ihre *eigentlichen* Grundüberzeugungen überhaupt erst einmal bewusst. Mir hat es geholfen, das Ganze schriftlich zu tun.

Vor etlichen Jahren hatte ich eine heftige Erschöpfungsdepression. Um wieder gesund zu werden, habe ich mir mit professioneller Hilfe angeschaut, was dahintersteckte, und auch in mir etliche Grundüberzeugungen gefunden, die meine Erkrankung befeuert hatten. Da gab es zum Beispiel den Satz »Du bist nicht wichtig!«, eine typische Überzeugung von Kindern aus Suchtfamilien, in denen sich alles um den Suchtkranken und die Beschaffung der Suchtmittel dreht. Diesen Satz schrieb ich groß auf ein

Blatt Papier ... und stutzte: So etwas würde ich doch niemals einer guten Freundin, meinen Kindern oder einem Ratsuchenden sagen. Niemals! Weil es einfach nicht stimmt – für keinen Menschen! Warum ließ ich dann zu, dass ich es mir selbst immer wieder sagte? Kein Wunder, dass ich mit dieser inneren Überzeugung, die ich konsequent auslebte, in einer Erschöpfungsdepression gelandet war! Für mich war allein das »Hochholen« dieses Satzes über mich selbst ein Aha-Erlebnis, das etwas in mir bewirkte.

Geben Sie sich die Erlaubnis, eine negative Grundüberzeugung zu hinterfragen. Manchmal ist das Erlaubnisgeben tatsächlich der allererste Schritt, denn viele unserer alten »Grund-Sätze« wurden, wie wir bereits gesehen haben, von Autoritäten in unser Leben hineingesprochen oder vorgelebt. Für uns

Geben Sie sich die Erlaubnis, eine negative Grundüberzeugung zu hinterfragen.

als Kinder waren die Aussagen der Erwachsenen absolut gültig und maßgeblich und wir glaubten ihnen uneingeschränkt.

Eine weitere wichtige Erkenntnis in meinem Heilungs- und Befreiungsprozess lautete: »Ich bin heute aber kein Kind mehr, sondern eine erwachsene Frau.« Mit diesem Erwachsensein und mit Jesus im Herzen sowie der Bibel in der Hand habe ich alles, was ich heute brauche, um selbst entscheiden zu können, welche Grundüberzeugungen über meinem Leben stehen sollen. Ich brauche den alten Autoritäten nicht mehr zu gehorchen ... und Sie müssen es auch nicht mehr!

Formulieren Sie als Nächstes eine passende, positive Grundüberzeugung! Immer dann, wenn wir zu einer Sache in unserem Leben »Nein« sagen, ist es wichtig, zu einer anderen »Ja« zu sagen. Das Vakuum, das in unserem Inneren durch das Loslassen der einen Überzeugung entsteht, muss mit einer neuen Grundüberzeugung gefüllt werden. Sonst ist die alte ruck, zuck wieder da! Manchmal müssen wir ganz neue Sätze kreieren, manchmal müssen wir alte Sätze auch nur etwas modifizieren, weil sie nicht gänzlich falsch, aber doch zu einseitig waren. Meine neu formulierte Grundüberzeugung hieß beispielsweise: »Andere Menschen sind wichtig, aber ich bin genauso wichtig!« Genau das fand ich in verschiedenen Sätzen in der Bibel wie »Und dienet einander, ein jeder mit der Gabe, die er empfangen hat« (1. Petrus 4,10; LUT), »Helft euch gegenseitig bei euren Schwierigkeiten und Problemen, so erfüllt ihr das Gesetz, das wir von Christus haben« (Galater 6,2) und nicht zuletzt in einer Aussage von Jesus selbst:

Und du sollst den Herrn, deinen Gott, von ganzem Herzen, von ganzer Seele, mit all deinen Gedanken und all deiner Kraft lieben. Das zweite ist ebenso wichtig: »Liebe deinen Nächsten wie dich selbst.« Kein anderes Gebot ist wichtiger als diese beiden.

Markus 12,31

All diese Verse sprechen von Ausgewogenheit zwischen dem Ich und dem Du und damit von der ausgewogenen Befriedigung unterschiedlicher Bedürfnisse.

Auf der Suche nach neuen, heilsamen Grundüberzeugungen ist es tatsächlich sehr hilfreich und wichtig, das Wort Gottes zur Hand zu nehmen, das uns mit der Wahrheit konfrontiert und lebensverändernde Kraft hat. »Das Wort Gottes ist lebendig und wirksam. Es ist schärfer als das schärfste Schwert und durchdringt unsere innersten Gedanken und Wünsche. Es deckt auf, wer wir wirklich sind, und macht unser Herz vor Gott offenbar«, sagt der Schreiber des Hebräerbriefes (Hebräer 4,12). Das Wort Gottes deckt auf, wer wir *wirklich* sind! Genau das brauchen wir, damit wir die Falschaussagen über uns endlich verabschieden und die Wahrheit empfangen können.

Zu guter Letzt geht es darum, die neuen, guten Wahrheiten über uns auch dauerhaft zu verinnerlichen – so lange, bis die alten Stimmen immer leiser werden und ihre Dynamik in unserem Leben nicht mehr entfalten können. Das kann und wird durchaus ein längerer Prozess sein, darauf sollten wir uns einstellen. Die alte Überzeugung wird sich, gerade am Anfang, immer wieder melden. Lassen Sie sich davon nicht entmutigen! Jesus sagt im Gleichnis vom Sämann, der unterschiedliche Ackerböden beschreibt: »Der gute Boden ... steht für verlässliche, aufrichtige Menschen, die Gottes Botschaft hören, an ihr festhalten und durch ihre Beständigkeit viel Frucht hervorbringen« (Lukas

8,15). Veränderung und Frucht bringen wir in unserem Leben nicht, wenn wir einmal einen Schritt in die richtige Richtung gehen, sondern dann, wenn wir festhalten und diesen Schritt beständig wieder und wieder gehen. So lange, bis die Botschaft von der wunderbaren Liebe Gottes zu uns wirklich bei uns ankommt und alle anderen Stimmen laut übertönt!

Wir sind, was wir wiederholt tun. Außerordentlich zu sein, ist daher kein einmaliger Akt, sondern eine Gewohnheit.

Aristoteles

IMPULS

Ich stelle fest, dass es auch in meinem Inneren Stimmen gibt, die die heilsame Botschaft von Gottes Liebe zu mir torpedieren, sodass ich dieser Liebe keinen Glauben schenken kann. Heute werde ich anfangen, diesen unwahren Aussagen über mich auf den Grund zu gehen und sie durch Wahrheiten aus Gottes Wort zu korrigieren. Ich werde das mit Ausdauer und Geduld tun, denn warum sollte ich weiter zerstörerischen Lügen Glauben schenken, wenn doch die Wahrheit heilsam und befreiend für mich sein wird?!

Gott ist Liebe?
Die Fragen nach Leid und Gericht

2024 stellen wir uns durch die Jahreslosung der Herausforderung, unser ganzes Leben aus der Liebe heraus zu gestalten. Wie wir gesehen haben, können wir dieser Aufforderung nur nachkommen, wenn wir selbst der Liebe Gottes begegnet und von ihr erfasst sind. Wir können dieser Aufforderung aber auch nur von ganzem Herzen nachkommen, wenn wir bereit sind, über die drängendsten Fragen, die wir oder andere an diese Liebe haben, nachzudenken. Einfach so zu tun, als gäbe es diese Fragen nicht, ist nicht hilfreich.

In diesem Kapitel geht es um Leid und Gericht – zwei Themen, nach denen ich immer wieder gefragt werde, weil sie scheinbar gar nicht mit der Liebe Gottes vereinbar sind. Was ich Ihnen dazu mitgeben möchte, sind nur einige Gedankenanstöße, denn ich maße mir nicht an, auf diese großen Fragen allumfassende Antworten geben zu können. Ich möchte Sie damit aber ermutigen, eigene Antworten zu finden, die für Sie authentisch und vertretbar sind. Denn nachdenken und Antworten zu diesen Themen finden *müssen* wir meines Erachtens. Und sei die Antwort »nur«: »Ich verstehe Gottes Handeln oftmals auch nicht. Trotzdem habe ich in mir ein tief verankertes Vertrauen in diesen Gott!« Haben wir mit diesen Dingen keinen Frieden gemacht bzw. keine authentischen Antworten gefunden, werden diese unbeantworteten Fragen unsere Gewissheit von Gottes Liebe immer wieder untergraben. Und für die Menschen in unserem Umfeld erscheinen wir unglaubwürdig und blauäugig.

Die Frage nach dem Leid

Da ist zunächst einmal die Frage nach dem Leid. Angesichts der Not in dieser Welt scheint es für viele Menschen geradezu grotesk, an einen liebenden Gott zu glauben. Wenn Gott ein Gott der Liebe ist, warum lässt er dann all das Leid auf dieser Welt zu? Sicher haben wir alle uns diese Frage schon einmal gestellt und wurden auch des Öfteren von anderen mit dieser Frage konfrontiert. Und vermutlich haben viele von Ihnen auch schon hilfreiche Antworten gefunden und weitergegeben.

Oft genug stellen wir diese Frage angesichts persönlicher Not, die plötzlich über uns hereinbricht. Das kann eine schwere Krankheit sein, die uns schon mehr oder weniger lange begleitet hat oder ganz plötzlich ausgebrochen ist. Das können die ungerechtfertigte Kündigung und die nachfolgende zermürbende Arbeitslosigkeit sein. Das kann eine schwere Krise in der Partnerschaft, ein Treuebruch oder eine Trennung sein. Oder der Tod eines geliebten Menschen. Vielleicht hat uns auch irgendein anderes Unglück getroffen und wir sind in große Not geraten. Solche Schicksalsschläge können schier unüberwindliche Stolpersteine in unserem geistlichen Leben sein, weil wir uns immer und immer wieder fragen: Wenn Gott mich angeblich so sehr liebt, *warum* passiert dann so etwas? Und warum *so*? Warum trifft *mich* dieses Unglück?

Schnelle, platte Antworten sind hier keine Hilfe. Leiderfahrungen im Leben umgibt immer ein gewisses Mysterium, und nichts ist für die Betroffenen schlimmer als unsensible Erklärungen, und seien sie noch so fromm. Die Frage nach dem »Warum?« sollten wir jedem Menschen (uns selbst eingeschlossen) zugestehen, der aufgrund eines Schicksalsschlags angefangen hat, an der Liebe Gottes zu zweifeln.

Das Beste ist, uns mit unserer (An-)Klage direkt an den zu wenden, der unserer Ansicht nach für unsere Not verantwortlich ist, nämlich an Gott selbst. Die Bibel ermutigt uns dazu. Hier finden wir eine regelrechte Klagekultur: Es gibt Klagepsalmen, das Buch der Klagelieder, und mit dem Buch Hiob ist dem Thema Leid ein ganzes Buch in der Bibel gewidmet. Das Weinen und Klagen vor Gott kann, darf und muss seinen Raum unter uns haben. Bei ihm dürfen wir »Warum?« fragen. Wohin sollten wir auch sonst mit unserer Klage gehen, wenn nicht zu unserem Vater im Himmel?

Wenn ich in meinem Leben in leidvollen Situationen war, hat mir ein Gedanke etwas geholfen: Solange wir auf dieser Erde leben, wird es Leid geben. Viel Leid! Das hat damit zu tun, dass wir in einer *un*-heilen Welt leben, die auf allen Ebenen an ihrer gestörten Gottesbeziehung krankt. Und das wird sich erst ändern, wenn Jesus wiederkommt, sein Friedensreich errichtet und Gott einen neuen Himmel und eine neue Erde schafft.

Bis dahin gilt, dass wir einiges durchleiden müssen. Aber Gott ist nicht ein ferner Gott, der irgendwo im Himmel sitzt und teilnahmslos die Strippen zieht, sondern er ist ein Gott, der uns im Leid ganz nahe ist. In Jesus ist er selbst in dieses leidvolle Menschsein hineingekommen und ist einer von uns geworden. Er ist in unseren Schuhen gegangen und hat sich mit unserem Leid identifiziert. Er hat sich dem Leid in seinem eigenen Leben und Sterben *nicht* entzogen. Und ich habe erlebt: Er ist wirklich spürbar an meiner Seite, steht schwierige Situationen mit mir durch und hält sie mit mir aus. Das erklärt das Leid nicht, ist mir aber dennoch eine sehr große Hilfe. Bei Gott bin ich mitten im Schmerz sicher und geborgen und finde Halt. Ich bin im Leid nicht allein!

> Da ist Leid, das uns erschüttert – und doch werden diese Trauernden in einer Weise durchgetragen, die wir nicht begreifen.
>
> *Oswald Chambers*

IMPULS

»Warum lässt ein Gott der Liebe dieses Leiden zu – in meinem Leben, in meiner Familie, im Leben von Freunden oder weltweit?« Diese Frage gilt es immer wieder für mich und andere zu beantworten. Welche Antworten habe ich bereits gefunden und was hat mir in notvollen Lebenssituationen geholfen, weiterhin dem Gott der Liebe zu vertrauen?

Die Frage nach dem richtenden Gott

Die zweite Frage, die uns oft umtreibt und zweifeln lässt, ist die nach dem richtenden Gott, der scheinbar mit dem liebenden Gott nicht kompatibel ist. Einem Gott, der, so heißt es im Apostolischen Glaubensbekenntnis, in Jesus einmal kommen wird, »zu richten die Lebenden und die Toten«. Aber nicht nur im Glaubensbekenntnis ist davon die Rede, sondern die Bibel selbst spricht von einem Gericht, in dem wir uns einmal vor Gott verantworten müssen (vgl. zum Beispiel Matthäus 25,31-46). Dass das nicht für jeden gut ausgeht, ist uns klar, aber dass Gott sich dann endgültig von manchen Menschen trennt (Vers 46)

47

und sie an einen Ort verbannt, wo »Heulen und Zähneklappern« herrschen (vgl. Matthäus 13,41-42; LUT), lässt sich für viele ganz und gar nicht mit seiner Liebe vereinbaren.

Viele Menschen meiner Generation (50 plus), die in evangelikalen Kreisen aufgewachsen sind, wurden durch einen unweisen Umgang mit diesem Thema regelrecht geschädigt. Denn früher wurde dort durchaus recht häufig über das Gericht Gottes gepredigt. Spätestens, wenn es bei einer Evangelisationsveranstaltung darum ging, Menschen zu Buße und Umkehr zu bewegen, kam das Thema aufs Tapet! Allein bei dem Gedanken an diese Drohbotschaften steigt noch heute ein Gefühl von Grusel in mir hoch. Düstere Szenarien ewiger Gottesferne wurden dem gebannt lauschenden Zuhörer serviert – ein Setting, in dem man sich nicht wirklich befinden möchte! Auf mittelalterliche Teufelchen, die im Höllenfeuer sitzen und hämisch grinsend mit ihren langen Gabeln leidende Seelen piksen, wurde dankenswerterweise verzichtet. Aber ansonsten wusste man schon allerlei Schauriges zu berichten. Es war eine Botschaft, die mich beim nachfolgenden Aufruf, zu Gott umzukehren, regelrecht nach vorne unters Kreuz getrieben hat!

Heute neigen wir dagegen dazu, die Aussage »Von dort wird er kommen, zu richten die Lebenden und die Toten« zu ignorieren und einfach unter den Tisch fallen zu lassen. Wir wollen ja auch niemanden vor den Kopf stoßen! Aber gehört das Reden vom Gericht

Gottes nicht zu den Basics, die über Jahrhunderte galten und – wie bereits gesehen – ihren Ursprung in der Bibel haben? Und können wir es uns leisten, diese für uns sehr schwer verständliche Seite der Liebe Gottes heute einfach totzuschweigen? Nein, so meine Überzeugung, das können wir nicht! Und deswegen teile ich hier einige Gedanken, die mir – nachdem ich die düsteren Bilder meiner Kindheit erst einmal ad acta gelegt habe – eine andere, durchaus sehr positive Sicht auf das Thema »Gott als Richter« beschert haben.

Endlich Gerechtigkeit!

Während ich diese Zeilen schreibe, tobt der Krieg in der Ukraine mit unverminderter Härte. Neben dem Wunsch, dass die Angriffe endlich aufhören und der Krieg beendet wird, ist es den Betroffenen ein großes Anliegen, dass Gräueltaten aufgedeckt und die Täter zur Rechenschaft gezogen werden. Kann dies im Nachhinein nicht mehr in vollem Umfang geschehen (zum Beispiel, weil Beweise vernichtet wurden oder Täter untergetaucht sind), ist das für die Opfer ein herber Schlag und eine bittere Enttäuschung. Denn die Betroffenen empfinden, dass die Verursacher ungeschoren davonkommen, während sie selbst weiterhin mit den Folgen der Tragödie leben müssen.

Wie verständlich ist die Sehnsucht von Opfern, dass Täter auch als Täter benannt und ihrer gerechten Strafe zugeführt werden! Unsere Seele scheint das zur Verarbeitung und zur Gesundung zu brauchen. Auf der ganzen Welt gibt es solche Opfer, die nach Gerechtigkeit schreien. Opfer von Gewalt, von Unrecht, von Diktatur und Korruption. Opfer von Eltern, die ihren Job nicht richtig machen und ihre Kinder misshandeln oder vernachlässigen. Opfer von Erziehern oder anderen Bezugspersonen, die ihre Stellung missbrauchen, um sich an den Schutzbefohlenen zu vergreifen. Opfer von Menschenhandel und Zwangsprostitution. Opfer eines lückenhaften Systems, das nicht auffängt und trägt, wenn's eng wird im Leben.

Sie alle schreien nach Gerechtigkeit und danach, dass ihnen Recht widerfährt, müssen aber oft genug erleben, dass sie leer ausgehen. Daher finde ich: Es ist eine richtig gute Botschaft, dass am Ende *endlich* der ultimative Richter erscheinen wird, der Klartext spricht. Ein Richter, von dem all das Unrecht, das manche Menschen in ihrem Leben erlitten haben, gesehen wird und bei dem es nicht verloren geht. Ein Richter, der nicht bestechlich ist, der Täter beim Namen nennt, der zur Rechenschaft zieht, der den Opfern, den Gebeugten und Geschundenen endlich zu ihrem Recht verhilft und die Täter den Konsequenzen ihres grausamen Handelns zuführt.

Was wäre das denn auch für eine Liebe, die auch nur wegguckt oder am Ende einfach beide Augen zudrückt?

Keine wahre Liebe ohne Gerechtigkeit und keine wahre Gerechtigkeit ohne Liebe.

Adolph Kolping[4]

IMPULS

Was für eine großartige Botschaft für alle leidenden Opfer dieser Welt, dass es einen liebenden Gott gibt, der ihr ganzes Elend sieht und nicht einfach wegschaut. Und dass ein Tag kommen wird, an dem ihre Peiniger vor Christus als Richter erscheinen müssen und zur Rechenschaft gezogen werden, während sie selbst von Gott getröstet werden. Diese wunderbar tröstende und ermutigende Botschaft will ich nicht länger verschweigen!

Was am Ende zählt

Paulus schreibt an die Korinther:

Ich bin mir zwar keiner Schuld bewusst, doch bin ich dadurch noch nicht gerecht gesprochen; der Herr ist es, der über mich urteilt. Richtet also nicht vor der Zeit; wartet, bis der

Herr kommt, der das im Dunkeln Verborgene ans Licht bringen und die Absichten der Herzen aufdecken wird! Dann wird jeder sein Lob von Gott erhalten.

1. Korinther 4,4-5 (EÜ)

Der Herr ist es, der über mich urteilt und der mich zur Rechenschaft zieht! Diese Aussage mahnt mich, sehr verantwortungsbewusst und reflektiert zu leben, und hilft mir, zerstörerische Eigenschaften und Angewohnheiten loszulassen. Sie ermahnt mich auch, die Prioritäten meines Lebens richtig zu sortieren. Denn ich möchte nicht am Ende dieses Lebens dastehen und bitterlich bereuen müssen, dass ich an den falschen Stellen investiert und Entscheidungen getroffen habe, die ganz und gar nicht nachhaltig waren.

Diese Tatsache impliziert aber auch: Es sind nicht Menschen, vor denen ich mein Handeln rechtfertigen muss, sondern es ist Gott. Und das finde ich ungeheuer befreiend! Das lässt es mich nämlich aushalten, wenn Menschen manchmal nicht mit mir einverstanden sind. Wie viele Dinge tun wir, um anderen zu gefallen, und wie oft verbiegen wir uns, um es anderen recht zu machen! Doch ich werde später nicht vor Menschen stehen, sondern vor Gott, und die Hauptsache ist, dass *er* dann mir einverstanden ist! Das kann mich hier und heute stark und mutig meinen eigenen Weg gehen lassen.

Allerdings ist mir klar, dass am Ende auch manches über mich ans Licht kommen wird, das nicht gerade vorzeigbar ist. Das »Verborgene«, von dem Paulus spricht, ist das, was ich gekonnt ein ganzes Leben verschwiegen, vertuscht, verheimlicht oder überspielt habe. Dann, wenn der Herr kommt, habe ich keine Chance, es noch länger geheim zu halten. Und wie steht es mit den »Absichten meines Herzens«? Oha! Da weiß ich doch nur zu gut, dass vieles, was nach außen hin geistlich, edel und einsatzfreudig wirkt, in Wirklichkeit dem Eigennutz, der Eitelkeit und vollkommen menschlichen Motivationen entspringt.

Da habe ich zum Beispiel vergangene Woche geflüchteten Ukrainerinnen geholfen. Und muss das natürlich am Abend auch meinen Freundinnen erzählen. Ganz ehrlich? Das habe ich nicht nur getan, um das Erleben dieses Tages mit ihnen zu teilen, sondern auch, um mich in ihrer Bewunderung zu sonnen. Ich finde es ja auch ziemlich cool, dass ich meine freie Zeit statt auf der Couch im Wohnheim der Geflüchteten verbringe! Und der Anruf bei einer Bekannten, die gerade eine schwere Krise durchlebt? Der geschah doch auch nicht aus reinem Mitgefühl, sondern war durchaus mit einer guten Portion Neugierde gemischt. Schließlich will man ja informiert sein – fürs Gebet, versteht sich! Vielleicht kennen Sie ähnliche Situationen auch aus Ihrem Leben. So wahnsinnig fromm, wie wir alle tun, sind wir doch gar nicht, oder?

Obwohl ich weiß, dass das alles einmal ans Licht kommen wird, bestimmt mich dennoch nicht mehr das Thema Angst. Nein, Angst habe ich nicht, weil ich weiß, dass Jesus, obwohl er Richter ist, im Gericht zugleich wie ein Anwalt neben mir steht und einen Freispruch erwirken wird. In 1. Johannes 4,16-18 lesen wir:

Wir haben erkannt, wie sehr Gott uns liebt, und wir glauben an seine Liebe. Gott ist Liebe, und wer in der Liebe lebt, der lebt in Gott und Gott lebt in ihm. Und wenn wir in Gott leben, dann kommt seine Liebe in uns zum Ziel. Und wir können dem Tag des Gerichts mit Zuversicht entgegensehen, denn wir leben in dieser Welt in derselben Gemeinschaft mit Gott wie Christus. Und unsere Liebe kennt keine Angst, weil die vollkommene Liebe alle Angst vertreibt. Wer noch Angst hat, rechnet mit Strafe, und das zeigt, dass seine Liebe in uns noch nicht vollkommen ist.

Angst müssen, ja, *sollen* wir also nicht haben. Wir können dem Tag des Gerichts mit Zuversicht entgegenblicken, denn, so heißt es bei Jesaja: »Die Strafe liegt auf ihm, auf dass wir Frieden hätten (Jesaja 53,5; LUT). Aber Respekt vor diesem Tag habe ich durchaus und auch den Wunsch, dass es dann möglichst wenig unangenehme Enthüllungsstorys über mich gibt. Und das riesengroße Geschenk der Gnade, die mich im Gericht freisprechen wird, motiviert mich, schon heute so zu leben, dass Jesus am Ende mächtig stolz auf mich sein kann!

In den oben zitierten Versen aus dem ersten Korintherbrief werden wir zudem ermahnt, nicht vor der Zeit zu richten, sondern abzuwarten, bis Gott sein Urteil spricht. Dieser Gedanke hat Konsequenzen dafür, wie bzw. ob ich über andere urteile. Oft sind »die Absichten des Herzens« für mich als Mensch letztlich undurchschaubar – sowohl was meine eigene Person betrifft, als auch in Bezug auf die meiner Mitmenschen. Weiß ich wirklich, was im anderen vorgeht, warum er dieses und jenes tut oder lässt? Gott allein weiß das und er wird es später einordnen und bewerten. Ich brauche das jetzt nicht zu tun. Wie viel vorzeitiges Richten gibt es doch unter uns und wie viel zerstören wir damit! Das könnten wir uns sparen, denn Gott selbst wird sich später darum kümmern.

Eine großartige Nachricht für alle, die, von anderen völlig ungesehen, einen starken Job für Jesus machen: Wenn wir vor Gott stehen, werden wir gelobt!

Die Bibelstelle endet mit der Zusage: »Dann (wenn der Herr kommt) wird jeder sein Lob von Gott erhalten.« Was für eine großartige Nachricht für alle, die, von anderen völlig ungesehen, einen starken Job für Jesus machen. Die auf manches verzichten, ohne es an die große Glocke zu hängen. Die nie den großen Auftritt im Leben haben, aber immer im Kleinen treu sind. Die in kleinen und großen Entscheidungen dranbleiben und gehorsam sind – egal, ob es jemand mitbekommt oder nicht: durch die Pflege der alten Eltern, obwohl man gerade jetzt im Beruf noch mal so richtig durchstarten könnte. Durch den Verzicht auf doppeltes Gehalt, damit einer bei den Kindern bleiben kann, um ihnen die notwendige Nestwärme zu geben. Durch Ehrlichkeit bei der Steuererklärung. Durch die Zeit, die man sich für ein Gespräch nimmt, obwohl man mit der eigenen Arbeit dadurch mächtig in Verzug kommt. Durch die Weigerung, die eine oder andere äußerst verlockende Seite im Netz anzuklicken. Durch den Mülleimer, den man rausbringt. Durch die großzügige Spende. Hat es jemand mitbekommen? Vermutlich nicht! Klopft uns jemand dafür auf die Schulter? Wohl kaum! Die Stillen, im Hintergrund Wirkenden werden selten gesehen. Und das kann ganz schön frustrieren, schlimmstenfalls sogar bitter machen. Aber wir müssen nicht frustriert sein, denn all das Ungesehene, wofür uns vielleicht nie jemand dankt, *wird* gesehen. Und wenn Jesus wiederkommt und wir vor Gott stehen, werden wir gelobt!

Wenn ich all das bedenke, dann möchte ich die Botschaft rund um den gerechten und richtenden Gott gerne wieder mit in mein Reden von Gott einbeziehen. Sie ist keine Drohbotschaft, die uns Angst machen soll, und kein Widerspruch zu dem liebenden Gott. Nein, in der Botschaft vom richtenden Gott, vor dem wir alle einmal stehen werden, steckt unendlich viel Trost und lebensförderliche Ermahnung, die meinem Leben hier und jetzt die richtige Ausrichtung gibt!

Und alle Unsicherheiten und Fragezeichen, die noch bleiben? Die kann ich heute stehen lassen und muss sie nicht mehr zwingend beantworten. Denn weil der liebende Gott und der richtende Gott zusammengehören, kann ich ganz sicher sein, dass am Ende alles gut sein wird. Dass alles richtig und am rechten Platz und kein »Ja, aber ...« übrig sein wird. Am Ende werden wir alle das große Ganze erkennen und Gott uneingeschränkt recht geben. Dann wird die Liebe einen triumphalen Sieg feiern!

> Jetzt sehen wir die Dinge noch unvollkommen, wie in einem trüben Spiegel, dann aber werden wir alles in völliger Klarheit erkennen. Alles, was ich jetzt weiß, ist unvollständig; dann aber werde ich alles erkennen, so wie Gott mich jetzt schon kennt. Glaube, Hoffnung und Liebe, diese drei bleiben. Aber am größten ist die Liebe.
>
> *1. Korinther 13,12-13*

IMPULS

Jesus hat mich durch sein Sterben am Kreuz vom Gericht freigesprochen. Diese Botschaft motiviert mich, ungute Verhaltensmuster abzulegen. Ich weiß, dass letztlich Gnade mein Leben trägt. Dennoch ist es nicht egal, wie ich hier und heute lebe und wie viel Raum ich der Sünde in meinem Leben lasse. Damit schade ich anderen und vor allem ... mir selbst!

Wie wunderbar ist es zu hören, dass von Gott auch aller Einsatz gesehen wird, der von Menschen gar nicht wahrgenommen, geschweige denn anerkannt wird. Das ermutigt mich, einfach nur das zu tun, was mir wichtig und auf Gottes Herzen ist, egal, ob es von Menschen gesehen wird oder nicht. Was für eine Freiheit und was für ein Geschenk!

»Alles, was ihr tut, soll in Liebe geschehen«

Schweigst du, so schweige aus Liebe;
sprichst du, so sprich aus Liebe;
tadelst du, so tadle aus Liebe;
schonst du, so schone aus Liebe!
Lass die Liebe in deinem Herzen wurzeln,
und es kann nur Gutes daraus hervorgehen!

Augustinus[5]

Zwei starke Sätze

Paulus schreibt den ersten Korintherbrief zwischen 53 und 55 nach Christus aus Ephesus, weil aus der jungen Gemeinde in Korinth einige Nachrichten und Fragen an ihn herangetragen werden (1. Korinther 1,1; 7,1; 16,17). Paulus hört von Parteiungen und Spaltungen (1,12-17), von Streitigkeiten der Christen, die vor weltlichen Richtern ausgetragen werden (6,1-11), und von diversen sexuellen Verfehlungen (5,1-13; 6,12-20). Auf all diese Themen reagiert er in diesem Brief. Darüber hinaus schreibt er ausführlich über Ehe und Ehelosigkeit (7,1-40), den Genuss von Götzenopferfleisch (Kapitel 8–10) und das Miteinander im gemeindlichen Leben und Gottesdienst (Kapitel 11–14).

Der erste Korintherbrief gibt damit einen sehr intensiven und ehrlichen Einblick in das Leben dieser jungen heidenchristlichen Gemeinde. Wie kein anderer Brief zeigt dieses Schreiben, wie ein liebevolles Miteinander in der Gemeinde aussehen soll. Es zeigt aber auch, in welcher Weise Paulus sich als Gemeindegründer den Fragen stellt und wie stark sein Denken von Christus, dem Gekreuzigten und

Wie kein anderer Brief zeigt dieses Schreiben, wie ein liebevolles Miteinander in der Gemeinde aussehen soll.

Auferstandenen, bestimmt ist (1,18-2,5; Kapitel 15). Das abschließende Kapitel 16 beinhaltet Nachrichten über die Übermittlung von Spendengeldern sowie die Reisepläne von Paulus, gibt Informationen über verschiedene Mitarbeiter und enthält eine ausführliche Grußliste.

Inmitten dieser abschließenden Bemerkungen, scheinbar völlig zusammenhanglos, steht nun unsere Jahreslosung »Alles, was ihr tut, geschehe in Liebe!«. Gemeinsam mit dem vorangehenden Vers »Seid wachsam, steht fest im Glauben, seid mutig, seid stark« (16,13) finden wir hier, wie versteckte Goldnuggets, zwei sehr starke Sätze. Zwei starke Sätze, die abschließend noch einmal zusammenfassen, wovon unser Glaube und unser Leben in Gemeinschaft geprägt sein sollen. Zwei starke Sätze, die aber interessanterweise mitten in die Organisation des Alltäglichen »eingebaut« sind.

Doch so ist die Liebe, die von Gott kommt: Sie ist nicht nur außergewöhnlich, mitreißend, bewegend, staunenswert und überwältigend und bietet damit Stoff für einen der bekanntesten Texte über die Liebe, der jemals verfasst wurde (auch das »Hohelied der Liebe« genannt, ebenfalls von Paulus und ebenfalls im ersten Korintherbrief zu finden, und zwar in Kapitel 13). Diese Liebe muss sich auch mitten in unserem Alltag finden lassen. Sonst taugt sie nicht allzu viel. Johannes formuliert es so: »Wenn jemand sagt: ›Ich liebe Gott‹, aber seinen Bruder hasst, dann ist er ein Lügner; denn wer die Menschen nicht liebt, die er doch sieht, wie kann er da Gott lieben, den er nie gesehen hat?« (1. Johannes 4,20).

Deswegen finden Sie im zweiten Teil dieses Buches unterschiedlichste Alltagssituationen, in denen ich mich gefragt habe: »Was heißt es jetzt, aus Liebe heraus zu handeln und zu reden?« Man braucht nicht lange, um festzustellen, dass die Beantwortung dieser Frage gar nicht so leicht ist. Vor allem dann, wenn man nicht nur bei Allgemeinplätzen stehen bleiben, sondern etwas tiefer graben will. Denn manches sieht auf den ersten Blick nach Liebe aus, ist es bei genauerem Hinsehen aber gar nicht: Es ist vielleicht einfach nur unserem Harmoniebedürfnis oder der Scheu vor Konflikten geschuldet.

Die hier aufgeführten Themen und Situationen stammen aus *meinem* Leben. Einem Leben, das sich aufgrund meiner Autoren- und Referententätigkeit unter christlichen Arbeitgebern vorwiegend in einem kirchlich-gemeindlichen Kontext abspielt. Aber ich bin mir ziemlich sicher, dass Sie ähnliche Situationen aus Ihrem Leben kennen. Und Sie werden feststellen, dass vieles, was in der Bibel zunächst für »Gemeinde« gilt, darüber hinaus auch für jedes andere Miteinander Bedeutung hat. Denn Gott liebt seine Menschen und will Gutes für unser Miteinander – ob wir nun bereits mit ihm unterwegs oder ihm gegenüber noch skeptisch sind.

Die von mir geschilderten Begebenheiten sind natürlich nur eine kleine Auswahl von Alltagssituationen und dienen als Anregung, im kommenden Jahr auch in anderen Momenten zu fragen: Wie kann ich jetzt die Jahreslosung »Alles, was ihr tut, geschehe in Liebe« umsetzen?

Überraschend anders!
In Liebe Vorurteile überwinden

Ich bin unterwegs zu einer Frauentagung. Für mich als Referentin ist die Fahrt recht weit, und so reise ich bereits am Abend vor dem Event an. Manchmal werde ich von den Veranstaltern in einem Hotel untergebracht, aber oft werde ich auch privat bei Mitarbeiterinnen einquartiert. Ist Letzteres der Fall, kommt es oft zu sehr interessanten Begegnungen und inspirierenden Gesprächen mit den Gastgeberinnen.

Doch diesmal wird mir die Tür von einer Frau geöffnet, bei der ich schon nach den ersten Sätzen denke: »Ach du Schreck, was ist das denn für eine?! Wo bin ich hier nur hingeraten?« Nicht nur, dass ich in einer Gegend gelandet bin, wo die Menschen eine ganz andere Mentalität haben als bei uns am Niederrhein. Nein, diese Frau scheint der Inbegriff von Pragmatismus und sachlich-nüchterner Humorlosigkeit zu sein. Dazu verströmt sie aus allen Knopflöchern eine biedere, konventionelle Frömmigkeit und spricht einen Dialekt, bei dem mir die Ohren gellen!

Jetzt wäre der perfekte Moment, um den Satz »Alles, was ihr tut, soll in Liebe geschehen« aus dem Kopf ins Herz zu holen und in der Begegnung mit dieser Frau konkret umzusetzen. Aber weit gefehlt! Mein erster Gedanke ist: »Oh nein! Wenn die Frauen hier alle so sind: Prost Mahlzeit!« Ich bin in diesem Moment alles andere als ein liebender Mensch, sondern voller Ablehnung. Ich mache die Schotten dicht und öffne bereits eine innere Schublade, in die ich diese Frau samt der folgenden Veranstaltung hineinstopfen will.

Noch während ich überlege, mit welchem Etikett ich diese Schublade wohl am besten versehen könnte (vielleicht: langweilige, sachlich-nüchterne Durchschnittschristin mit merkwürdigem Slang), höre ich mit halbem Ohr, wie meine Gastgeberin sagt: »Ich hatte das Gefühl, Gott wollte, dass ich es genau *so* mache.« Dieser Satz lässt mich innehalten und bewegt mich dazu, meine Schublade doch nicht ganz zu schließen. Ich bin neugierig geworden und will mir die Geschichte, die mit diesem Satz zusammenhängt, gern genauer anhören. Deswegen frage ich noch einmal nach. Während ich das tue, merke ich, wie ich mich meinem Gegenüber das erste Mal seit meiner Ankunft richtig zuwende und sie als Person wahrnehme. Was meine Gastgeberin mir nun aus ihrem Leben erzählt, beeindruckt mich sehr. Und ich bin über meine Arroganz und fehlende Offenheit sehr beschämt. Ihre Lebensgeschichte ist interessant, ihr Erzählstil nun, wo sie etwas aufgetaut ist, alles andere als humorlos und das, was sie mit Jesus erlebt hat, beeindruckend!

Ich spüre: Über unsere Unterschiedlichkeit hinweg verbindet uns das Anliegen einer verbindlichen Jesusnachfolge und der Wunsch, ihn in ganz konkreten Alltagssituationen zu erfahren. Diese Frau kleidet das in ganz andere Worte, als ich es täte, und sie ist auch von einer ganz anderen Lebenswirklichkeit geprägt als ich. Aber das Herzensanliegen, das uns bewegt, ist dasselbe. Ich öffne meine Vorurteil-Schublade wieder, lasse mich ganz auf die Begegnung mit meiner Gastgeberin ein und bin überrascht, wie viele gute, inspirierende Impulse Gott durch den Austausch mit dieser Frau für mein Leben bereithält. Damit begegnet Jesus mir ausgerechnet in einem Menschen, den *ich* in meiner Überheblichkeit sofort abgestempelt hatte.

Wie viele solcher Jesusbegegnungen entgehen uns, weil wir sofort unsere Vorurteile parat haben! Diese Vorurteile berauben uns unserer Liebesfähigkeit und der Bereitschaft, den anderen anzunehmen und ihm überhaupt erst einmal zuzuhören. Sie bringen uns um viele bereichernde Begegnungen und

> **Wie viele Jesusbegegnungen entgehen uns, weil wir sofort unsere Vorurteile parat haben!**

um die Möglichkeit, etwas Wichtiges dazuzulernen. Nämlich dies: dass man sein Leben ganz unterschiedlich gestalten kann. Dass man Erfahrungen ganz anders bewerten, Entscheidungen ganz anders fällen, Nachfolge ganz anders leben und seinen Alltag ganz anders füllen kann, als wir es gewohnt sind. Lassen wir uns auf dieses »Ganz anders« ein, wird unser Horizont erweitert und unsere sehr eingeschränkte Sicht erfährt Ergänzung und Bereicherung. Und das tut uns gut!

Unsere Vorurteile rühren häufig daher, dass wir mit bestimmten Menschen, mit ihrem Alter, ihrem Geschlecht, ihrer Berufsgruppe, ihrem Persönlichkeitstyp und ihrer Frömmigkeit und so weiter bereits unsere Erfahrungen gemacht haben. Oft sind es auch nur die Erfahrungen *anderer*, die wir ungefiltert übernommen haben. Diese Erfahrungen nehmen wir in die Begegnungen mit dem nächsten Menschen, der ähnliche Merkmale aufweist, mit hinein.

Bei guten Erfahrungen führt das zu einem Vertrauensvorschuss, der diese Begegnung direkt mit positiven Vorzeichen versieht. Haben wir aber negative Erfahrungen im Kopf, sind wir vorsichtig und skeptisch. Doch ist das wirklich hilfreich? Legen wir uns selbst damit nicht zu sehr fest und berauben uns der Möglichkeit, alte Erfahrungen zu korrigieren und durch neue zu ersetzen? Und ist es dem anderen gegenüber fair, wenn wir frühere Erfahrungen mit ähnlichen Menschen unreflektiert auf ihn übertragen? Hat er damit überhaupt noch eine Chance, aus der Schublade jemals wieder herauszukommen? Wenn wir unsere Vorurteile überwinden und uns auf den Weg zum anderen hin machen, lernen wir ihn besser kennen und können die Beweggründe und Hintergründe seines Verhaltens ganz neu einordnen. Nicht selten entdecken wir dabei, dass wir mit der Beurteilung seiner Person völlig danebengelegen haben.

Die Begegnung mit der Frau, die mich an jenem Abend vor der Frauentagung dankenswerterweise beherbergt hat, ist für mich trotz meiner Startschwierigkeiten zu einer überraschend wertvollen Begegnung geworden. Das wiederum hatte auch Auswirkungen auf die nachfolgende Veranstaltung. Denn ohne meine Vorurteile, die ich inzwischen beschämt beiseitegelegt hatte, konnte ich nun den Frauen tatsächlich in Liebe begegnen und hatte auch hier sehr inspirierende Begegnungen. Wahrscheinlich wäre alles ganz anders gelaufen, wenn ich in meiner unbegründeten Ablehnung verharrt hätte!

Es ist nie zu spät, unsere Vorurteile aufzugeben.
Henry David Thoreau[6]

IMPULS

Das Umsetzen des Leitsatzes »Alles, was ihr tut, geschehe in Liebe« beginnt im Kopf. Es beginnt in meiner Einstellung zu meinem Mitmenschen – noch bevor es zu konkreten Handlungen kommt, die von der Liebe motiviert sein sollen. Wie bin ich gegenüber meinem Nächsten in der Familie, in der Nachbarschaft oder am Arbeitsplatz eingestellt? Offen, zugewandt und wertschätzend? Oder voller Vorurteile und daraus resultierender Ablehnung?

»Fein und lieblich«:
In Liebe Gemeinschaft gestalten

»Alles, was wir tun, geschieht in Liebe«, dieses Motto könnte das Aushängeschild von Kirche und Gemeinde sein. Denn in 1. Johannes 4,12 lesen wir: »Niemand hat Gott je gesehen. Aber wenn wir einander lieben, dann bleibt Gott in uns, und seine Liebe kommt in uns zur Vollendung.« Durch unsere Liebe ist Gott in Kirche und Gemeinde anwesend, ja, seine Liebe lebt hier in uns, was uns wiederum maximal liebesfähig macht. Psalm 133 beschreibt es so: »Wie schön und wie wunderbar ist es, wenn Brüder einträchtig zusammenleben« (Vers 1). Noch wunderbarer und idyllischer klingt es bei Luther: »Siehe, wie fein und lieblich ist es, wenn Brüder einträchtig beieinanderwohnen.« So weit die Theorie.

Manchen Christen stellen sich bei dieser etwas süßlich anmutenden Darstellung geschwisterlicher Harmonie die Nackenhaare auf und sie denken: »Also, ich wüsste ja einige Attribute, die zur Gemeinde und der Beziehung der ›Geschwister‹ untereinander passen würden, aber ›fein‹ und ›lieblich‹ gehören garantiert nicht dazu und von Einheit kann schon mal gar nicht die Rede sein! Auf uns passt zurzeit eher so etwas wie: ›Siehe, wie nervenaufreibend und anstrengend ist es, wenn Brüder und Schwestern sich ständig in den Haaren liegen.‹«

Dennoch liegt auf der Eintracht, von der Psalm 133 spricht, eine Verheißung, die wir ein paar Verse weiter im gleichen Psalm finden: »Denn dort spendet der Herr Segen und Leben in Ewigkeit« (Vers 3). Es scheint sich also zu lohnen, in geschwisterliche Einheit zu investieren. Und investieren, das heißt Energie und Zeit einsetzen, müssen wir auch, denn von selbst, ohne unser Dazutun, stellt sie sich nicht ein. Es ist eine Illusion zu meinen, nur weil wir Christen sind, klappe das mit der Einheit wie am Schnürchen. Jeder, der länger in einer christlichen Gemeinschaft lebt, weiß nur zu gut, dass das nicht stimmt. Dafür bringen wir alle noch viel zu viel Menschliches mit in die Gemeinde. Und für uns alle ist es ein lebenslanger Prozess, immer wieder diese menschlichen Anteile in uns durch die Kraft des Heiligen Geistes zu überwinden.

Göttliche und seelische Liebe

In Johannes 13,34-35 gibt Jesus eine ähnlich steile und anspruchsvolle Vorlage wie im oben zitierten Psalm bezüglich unseres Umgangs und Lebens miteinander: »So gebe ich euch nun ein neues Gebot: Liebt einander. So wie ich euch geliebt habe, sollt auch ihr einander lieben. Eure Liebe zueinander wird der Welt zeigen, dass ihr meine Jünger seid.« Wie wir bereits am Anfang dieses Buches gesehen haben, handelt es sich hier um die göttliche *Agape*-Liebe und nicht um die menschliche, seelische Liebe.

Seelische Liebe ist in jedem Verein zu finden. Sie beruht auf dem Gedanken »Gleich und Gleich gesellt sich gern«. Man ist sich sympathisch, hat ähnliche Interessen, einen vergleichbaren sozialen Status, gleiche oder ähnliche Herkunft, ungefähr dasselbe Alter oder befindet sich in einem ähnlichen Lebensabschnitt. Alles zusammen führt dazu, dass »die Chemie stimmt« und wir uns bei dem anderen wohlfühlen und Freundschaft entsteht. Nun sind solche Freundschaften durchaus wünschenswert und bereichern unser Leben, aber für Gemeinde reicht das nicht aus. Denn in der Gemeinde suchen wir uns die Leute nicht aus, mit denen wir von nun an zusammenleben sollen, sondern Gott selbst stellt diese Gemeinschaft zusammen. Und diese Zusammenstellung ist manchmal etwas … eigenwillig. Häufig haben wir mit dem Menschen, der neben uns sitzt, nichts, aber auch rein gar nichts gemeinsam.

Überwinden wir diese Unterschiedlichkeit nun nicht durch die göttliche Liebe, sondern ist weiterhin ausschließlich unsere seelische Liebe am Werk, entsteht das, was wir in vielen Gemeinden haben,

nämlich eine Gruppenbildung und ein Zusammen-
rotten Gleichgesinnter. Es entwickeln sich unterschiedliche Fraktionen, die im besten Fall einfach
nur nebeneinander bestehen – umgeben von einer
schwer durchlässigen Membran, die Durchmischung
verhindert – und die sich im schlimmsten Fall auch
noch gegenseitig bekämpfen. Auf solche Parteiungen
bezieht sich Paulus auch im ersten Korintherbrief. Die
einen sympathisierten mit Apollos, andere mit Kephas
und wieder andere mit Paulus (1,12). Paulus reagiert
auf dieses Gezänk, indem er wieder den in den Mittel-
punkt stellt, um den es geht: Christus, den Gekreuzigten (1,17-31). *Er* ist der Grund dafür, dass die Gemeinde
zusammenkommt, und *er* ist der, der zu Einheit und
Liebe befähigt.

Erinnern wir uns noch einmal an das Zitat von
Dietrich Bonhoeffer: »Seelische Liebe liebt den anderen um seiner selbst
willen, geistliche Liebe **»Seelische Liebe liebt den**
liebt den anderen um **anderen um seiner selbst**
Christi willen.« Hier **willen, geistliche Liebe liebt**
liegt der Unterschied! **den anderen um Christi willen.«**
Wir gehen auf den ande-
ren zu und nehmen ihn an, weil Jesus ihn liebt, und
nicht in erster Linie, weil der andere uns so sympathisch ist. Göttliche Liebe grenzt den Fremden, den
Andersdenkenden nicht aus, sondern überwindet
diese Grenzen und nimmt ihn in die Gemeinschaft
mit hinein.

Gemeinschaft trotz Unterschiedlichkeit

Gelingt es uns mit unserer seelischen Liebe nicht, mit dem Andersdenkenden oder Anderslebenden klarzukommen, dann fängt die seelische Liebe an diesem Punkt schnell an, den anderen beherrschen zu wollen, und wird manipulativ. Bonhoeffer schreibt weiter:

> Seelische Liebe liebt den anderen nicht in seiner Freiheit, sondern als den an sie Gebundenen, sie will mit allen Mitteln gewinnen, erobern, sie bedrängt den anderen, sie will unwiderstehlich sein, sie will herrschen.

Wenn wir mit unserem Drängen und unserer Herrschsucht nicht ans Ziel kommen und der andere in seiner Andersartigkeit und in seinen abweichenden Ansichten verharrt, dann sind wir mit unserer menschlichen Liebe ganz schnell am Ende.

Göttliche Liebe dagegen fängt genau hier an, denn sie atmet Freiheit und lässt dem Gegenüber Raum, anders zu denken, zu fühlen und zu handeln. Natürlich darf diese Freiheit nicht auf Kosten der Grundwahrheiten des Wortes Gottes gehen, aber darüber hinaus darf der andere anders sein und andere Ansichten haben als ich. Trotzdem kann ich mit ihm Gemeinschaft haben!

Meinem Mitchristen seine Andersartigkeit zuzugestehen, ist der erste Schritt auf dem Weg zu echter Einheit, die niemals Gleichmacherei bedeutet. Verstehen zu wollen, wie der andere zu seiner Meinung und zu seinen Empfindungen kommt, anstatt ihn gleich als »völlig daneben« abzustempeln, ein weiterer. Nach und nach werden wir den manchmal so merkwürdigen Bruder oder die in unseren Augen so schwierige Schwester immer mehr schätzen lernen und sie als Ergänzungen erleben. Dann sind wir von echter Liebe und von dem Gedanken des Leibes und seinen verschiedenen Gliedern (vgl. 1. Korinther 12,12-27) gar nicht mehr so weit entfernt!

> In den großen Dingen Einheit, in den kleinen Freiheit, in allem aber die Liebe.
>
> *Nikolaus Ludwig von Zinzendorf*

IMPULS

Was bedeutet es für mich konkret, in Liebe mit meinen Glaubensgeschwistern umzugehen? Wie verhalte ich mich im Umgang mit Menschen in meiner Gemeinde, die mir nicht sonderlich sympathisch sind und die ganz anders denken als ich? Kann ich diese Andersartigkeit aushalten oder muss ich sie ständig bekämpfen? Was müsste ich verändern, damit auch unter uns Einheit herrschen kann? Heute will ich damit anfangen ...

»Sag doch was!«
In Liebe kommunizieren

Um zu der Einheit, die Gott sich für die Gemeinde wünscht, zu finden, dürfen und sollen wir uns in unserer Unterschiedlichkeit mit unseren Glaubensgeschwistern auseinandersetzen. Diese Auseinandersetzungen brauchen wir nicht zu fürchten, denn sie sind gesund und notwendig. Echte Liebe kann Auseinandersetzungen aushalten, ja, schließt sie sogar mit ein. Sie ist konfliktfähig und wird einen Konflikt bis zum Ende austragen, dabei aber fair und dem Bruder oder der Schwester zugewandt bleiben. Seelische Liebe ist konfliktfeige oder wird im Konflikt lieblos und verletzend. Wohl der Gemeinde, in der es eine gute Kommunikationskultur gibt, wo man bis zum Verstehen und Verstandenwerden miteinander ringt! Wo man am Ende miteinander beten und sich in den Armen liegen kann. Wir dürfen unterschiedlich sein, weil Jesus uns fest zusammenbindet. Und wir brauchen die Auseinandersetzungen – wie sonst könnten wir in der Gemeinde mit all unserer Verschiedenartigkeit leben?

Liebe hält also Unterschiedlichkeit und Konflikte aus. Wie können wir aber in Liebe kommunizieren und diese Konflikte austragen? »Alles, was ihr tut, geschehe in Liebe«, heißt es in unserer Jahreslosung. Das schließt unser Reden mit ein – auch und vor allem dann, wenn wir nicht sonderlich liebevoll gestimmt, sondern vom anderen äußerst genervt sind. Jetzt »in Liebe« zu kommunizieren, ist wirklich schwer, weil unsere Emotionen nur allzu leicht mit uns durchgehen. Dennoch lohnt es sich, an dieser Stelle zu investieren und bestimmte Grundregeln zu beachten, denn eine klare und gute Kommunikation ist tatsächlich unendlich wichtig für ein gelungenes Miteinander in der Gemeinde. Das gilt übrigens selbstverständlich auch in der Familie, am Arbeitsplatz, in der Nachbarschaft und in allen anderen Beziehungen.

Ich bin o.k. – du bist o.k.!

In Liebe kommunizieren bedeutet in erster Linie: Ich achte und respektiere mich selbst, aber auch den anderen, und bringe sowohl mir als auch meinem Gegenüber Wertschätzung und Wohlwollen entgegen. Selbstliebe und Nächstenliebe zusammen sind das beste Fundament für eine gelungene Kommunikation. Wenn wir diese Basis nicht haben, können wir später noch so viele gute Kommunikationstechniken aufbauen – das Gebäude unserer Interaktion wird immer sehr wackelig sein, denn das Wesentliche, nämlich das Fundament, fehlt. Sehen wir uns die beiden Zutaten dieser Grundlage gelungener Kommunikation einmal näher an.

Zunächst: Was heißt es, *sich selbst* zu lieben und zu achten? Es bedeutet, dass ich weiß, dass ich ein wertvoller, einzigartiger und von Gott geliebter Mensch bin, der damit von ihm autorisiert ist, diese Einzigartigkeit zu leben. Ich darf die sein, die ich bin, und damit auch eigene Ansichten und Überzeugungen haben, die ich angemessen vertrete und kommuniziere. Für manche Menschen ist es wichtig, sich diesen Stand, den sie von Gott haben, auch und gerade im Kontext von Kommunikation immer wieder bewusst zu machen.

Denn es gibt Menschen (zu denen ich selbst nach wie vor nur allzu oft gehöre!), die wenig überzeugt von sich selbst und ihren Meinungen sind. Sie nehmen häufig auch ihre eigenen Bedürfnisse nicht ernst, geschweige, dass sie ihre Anliegen klar und eindeutig kommunizieren können. Sie haben daher keinen festen Standpunkt, sondern sind in ihrer Position sehr instabil und schwach. Das hat zur Folge, dass sie sich in einer Konfliktsituation schnell zurückziehen oder nachgeben und dem anderen das Feld überlassen. Wenn wir das tun, dann beruhigt sich die Situation tatsächlich erst einmal und die Harmonie ist wiederhergestellt. Wird das bei uns aber zu einem gängigen

Verhaltens- und Reaktionsmuster, werden wir auf Dauer bitter und wütend, denn wir stehen nicht zu uns selbst und unseren Überzeugungen, sondern lassen uns selbst viel zu schnell im Stich. Damit kommen wir und unsere Bedürfnisse immer weniger vor. Unsere vermeintliche Liebe zum anderen schlägt dann nur allzu schnell in kalte Wut um.

Wenn Sie zu diesen Menschen gehören, ist es wichtig zu verstehen, dass *Ihre* Meinungen, Überzeugungen, Bedürfnisse und Wünsche nicht unwichtiger und erst recht nicht schlechter als die der anderen sind. Sie stehen gleichwertig neben dem, was andere möchten und wünschen. Aus dieser Gleichwertigkeit heraus kann man dann in den Meinungsaustausch gehen.

Was heißt es nun, den *anderen* zu lieben und zu achten? Sie dürfen die Person sein, die Sie sind, aber Ihr Gegenüber darf ebenfalls ganz er bzw. sie selbst sein. Sie sind wertvoll und einzigartig, aber der andere ist es auch. Sie verstehen ihn vielleicht nicht und sehen manches anders, dennoch ist der andere genau wie Sie ein wertvoller, von Gott geliebter Mensch. Für mich impliziert das, dass ich dem anderen mit Wohlwollen begegne: Ich gehe erst einmal davon aus, dass er genau wie ich das Gute und das Richtige will.

Wohlwollen bedeutet aber auch, dass ich mit meinem Mitmenschen barmherzig umgehe. Ich weiß von mir selbst, dass ich in den verschiedensten Bereichen meines Lebens immer wieder scheitere und falle, dass ich alles andere als perfekt bin und meine Motivation, Dinge zu tun oder zu lassen, auch nicht immer lupenrein ist. Und weil ich das weiß und allein von der Gnade und Vergebungsbereitschaft Gottes lebe, möchte ich auch dem anderen sein Sosein mit allen Ecken, Macken und Kanten zugestehen.

»Wohlwollend« heißt außerdem: Auch wenn ich in einem Konflikt eine andere Meinung vertrete und es rein sachlich vielleicht sogar hoch hergeht, kann ich dem anderen dennoch emotional zugewandt bleiben. Das ist nicht leicht, denn wir neigen dazu, die Sachebene und die Beziehungsebene zu vermischen. Aber nur, weil ich mich in einem Punkt von meinem Gegenüber abgrenze, muss ich nicht grundsätzlich eine Mauer zwischen uns hochziehen. Nein, ich kann unverändert freundlich, herzlich und zugewandt bleiben. Wenn wir das hinbekommen, können wir verhindern, dass sich ein einzelner, sachbezogener Konflikt wie ein Krebsgeschwür in die ganze Beziehung mit einem Mitmenschen frisst und diese zerstört.

> Achten die Menschen sich selbst, so achten sie gewöhnlich auch auf die fremde Persönlichkeit.
>
> *Samuel Smiles*[7]

IMPULS

In Liebe kommunizieren fängt bei meiner inneren Haltung mir selbst und dem anderen gegenüber an. Sind Selbst- und Nächstenliebe bei mir ausgewogen? Nehme ich den anderen genauso ernst wie mich selbst? Und ist mir das, was ich (auch aus meinem Glauben heraus) an inneren Überzeugungen gewonnen habe, so wichtig, dass ich dafür einstehe?

Bei der Wahrheit bleiben

In Liebe kommunizieren bedeutet auch: Ich rede nichts schön, hüte mich aber genauso vor Übertreibungen und Unterstellungen. Im Epheserbrief finden wir eine wunderbare Anweisung für gute Kommunikation. Dort schreibt Paulus:

> Legt deshalb die Lüge ab und redet die Wahrheit, jeder mit seinem Nächsten; denn wir sind als Glieder miteinander verbunden. Wenn ihr zürnt, sündigt nicht! Die Sonne soll über eurem Zorn nicht untergehen. Gebt dem Teufel keinen Raum!
>
> *Epheser 4,25-27* (EÜ)

»Legt die Lüge ab!« Was bedeutet das? Es meint zum einen tatsächlich, dass wir nicht die Wahrheit verdrehen und falsche Aussagen über andere Menschen oder uns selbst machen sollen. Es bedeutet aber auch, dass wir uns selbst nichts vormachen! Wenn Sie von den Worten oder dem Verhalten eines anderen sehr verletzt sind, ist das so und dann darf das auch erst einmal so sein. Reden Sie das Ganze nicht schön und belügen Sie sich selbst nicht, indem Sie so tun, als würde Ihnen das Verhalten des anderen nichts ausmachen. Die Wahrheit ist für Sie doch die: Es *hat* Sie verletzt!

»Schönreden« passiert so oft. Manche Menschen sagen über einen Konflikt, den sie mit jemandem haben: »Egal. Schwamm drüber. So schlimm war's nicht.« Aber bei genauem Hinspüren merkt man sehr schnell, dass das nicht stimmt, sondern innerlich von ihnen doch wieder ein Strich auf der Rechnung gemacht wurde, die dem anderen dann bei passender Gelegenheit präsentiert wird. Und dann kommt wieder alles auf den Tisch. Von wegen »Schwamm drüber« ... Bei der Wahrheit zu bleiben fängt bei uns selbst an!

Bei der Wahrheit bleiben bedeutet aber auch, dass Sie nicht übertreiben oder dem anderen etwas unterstellen. Das ist das Gegenteil vom eben beschriebenen »Unter-den-Teppich-Kehren«. Mir persönlich passiert das sehr schnell. Wenn ich das tue, sage ich Sätze wie »Du hast schon *immer* ...!« oder »Das machst

du *nie*!« oder »Du willst *sowieso nicht* ...!«. Damit
blase ich das Thema oder den Konflikt unnötig auf.
So ein Aufbauschen ist überhaupt nicht hilfreich und
zielführend. Denn es verhindert, den Konflikt, den
ich hier und jetzt habe, zu lösen. Zudem sind Ver-
allgemeinerungen wie »immer« und »nie« oft nicht
einmal zutreffend.

Ebenso wenig sind Unterstellungen hilfreich,
und daher ist es so wichtig, dass wir die Wahrheit
reden, wie es in dem oben zitierten Vers heißt. Erst,
wenn ich mit dem anderen *rede*, erfahre ich wirklich, warum die Person sich so oder so verhalten hat.
Das weiß und erfahre ich nicht, wenn ich das Ganze
nur in stundenlangen inneren Selbstgesprächen hin
und her wälze. Dagegen kann ein Gespräch, in dem
ich ehrlich über *meine* Verletzungen spreche und
darüber, wie *ich* die Situation empfunden habe, eine
Tür zum anderen öffnen. Er kann nun *seine* Sicht
der Dinge und *seine* Empfindungen schildern. Da
ich ihn nicht angegriffen habe, muss er sich auch
nicht verteidigen oder zum Gegenangriff ausholen.
Die Chance, dass der Konflikt geklärt und beigelegt
werden kann, ist damit recht groß!

Nicht jene, die streiten, sind zu fürchten, sondern jene, die ausweichen.
Marie von Ebner-Eschenbach

IMPULS

Vielleicht tue ich mich sehr schwer damit,
Konflikte anzusprechen. Mein Verständnis
von »Liebe« ist eher, nichts zu sagen und
damit scheinbar Frieden und Harmonie zu
bewahren. Aber ist das Liebe, wie sie in der
Bibel verstanden wird? Und ist diese Liebe
wirklich echt oder verbergen sich unter dem
Deckmantel dieser vermeintlichen Liebe nicht
allzu oft Groll, Bitterkeit, Unterstellungen und
kalte Wut? Was bedeutet es für die Konflikte,
in denen ich gerade stehe, »die Lüge
abzulegen und die Wahrheit zu reden«?

Konflikte zeitnah klären

Gute Kommunikation bedeutet: Ich kläre Konflikte
zeitnah! »Die Sonne soll über eurem Zorn nicht untergehen«, heißt es in dem oben zitierten Textabschnitt aus
dem Epheserbrief (Vers 26). Anders gesagt: »Lass nichts
anbrennen und bemüh dich, den Konflikt so schnell wie
möglich beizulegen.« Nun weiß ich von mir selbst, dass
es durchaus wichtig ist, meine Gedanken und Gefühle
erst einmal ein wenig zu sortieren, wenn ich mich durch
das Verhalten und Reden eines anderen sehr verletzt
fühle oder verärgert bin. In Liebe zu kommunizieren

bedeutet eben auch, dass ich nicht direkt herausplatze und den anderen in meiner Wut ebenfalls verletze. Aber wenn ich mich etwas beruhigt und sortiert habe, sollte ich das Thema zeitnah angehen. Warum ist das so wichtig? Die Begründung steht in unserem Text gleich im nächsten Vers: »Gebt dem Teufel keinen Raum!«

Je länger wir ungeklärte Konflikte mit uns herumschleppen, die Sonne also wochenlang immer wieder über unserem Zorn untergehen lassen, umso größer ist die Gefahr, dass wir zerstörerischen Gedanken, Gefühlen oder Handlungen Raum geben. Wir fangen dann nämlich an, uns ständig mit der Auseinandersetzung zu beschäftigen und in unseren inneren Selbstgesprächen alles wieder und wieder durchzukauen. Oder wir lassen den Auslöser des Konflikts (zum Beispiel das verletzende Verhalten des anderen oder seine lieblosen Worte) immer wieder wie einen Kinofilm vor unserem inneren Auge ablaufen. All das wirkt sich auf Dauer auf unsere Psyche, unseren Körper und unser geistliches Leben zerstörerisch aus. Wie oft habe ich dagegen schon erlebt, dass sich Spannungen binnen Minuten aufgelöst haben, wenn ich sie zügig angesprochen habe. Sehr häufig lag dem Ganzen nämlich nur ein Missverständnis zugrunde: Der andere hatte seine Äußerung gar nicht so gemeint, sondern sie war einfach nur falsch bei mir angekommen. Zügig angesprochen kann sich gar nicht erst ein großer Konflikt daraus entwickeln.

Wir geben der Zerstörung von Beziehungen auch Raum, wenn wir anfangen, mit Dritten oder Vierten über das Thema zu sprechen. Auch das passiert schnell, wenn wir ungeklärte Konflikte lange mit uns herumschleppen. Denn irgendwo und irgendwann müssen wir dann doch mal Dampf ablassen, und das geschieht bevorzugt bei Gleichgesinnten. Aber dieses Reden mit Gleichgesinnten über einen Konflikt mit einer anderen Person sollten wir unter allen Umständen vermeiden. Der Konflikt, den ich mit jemandem habe, geht nur mich und die betroffene Person etwas an. Niemand sonst hat in dieser Auseinandersetzung etwas zu suchen. Wenn wir das nicht beherzigen, stecken wir andere mit dem Konflikt an. Ursprünglich hatten diese Menschen vielleicht gar kein Problem mit der Person, mit der ich ein Problem habe. Aber weil ich das Problem habe und sie mir als Gleichgesinnte so nahestehen, bekommen sie nun ein Problem. Dann bildet dieser Konflikt wie ein Krebsgeschwür Metastasen und befällt andere Körperteile in der Gemeinschaft. Ruck, zuck entstehen Parteiungen und werden Allianzen geschmiedet, mit denen die Gemeinschaft vollends zerstört wird.

Wenn wir in einer Konfliktsituation nicht alleine klarkommen, kann es dennoch manchmal durchaus hilfreich sein, eine dritte Person hinzuzuziehen. Das sollte aber eine geistlich reife und emotional unbeteiligte Person sein, die außerhalb dieses Konfliktes steht. Ziel dieser Konfliktgespräche ist es, den Konflikt zu klären, Vergebung und neue Perspektiven des Miteinanders zu ermöglichen und beide Seiten wieder

auf einen guten und geistlichen Weg des Zusammen-
lebens zu bringen!

> Du kannst über mich reden, was du willst, ich
> werde über dich auf den Knien reden!
> *Charles Haddon Spurgeon*

IMPULS

Wie oft vermeide ich es, einen Konflikt mit
der betroffenen Person anzusprechen!
Stattdessen suche ich mir Gleichgesinnte,
die mich in meiner Sicht der Dinge
bestärken und so den Konflikt noch
befeuern. Aber Liebe hat das Ziel, auf den
anderen zuzugehen, ihn in seiner Sicht
zu verstehen zu versuchen und darüber
wieder zu einem guten Miteinander zu
finden. Mit welchen Personen in meinem
Umfeld sollte dieses Aufeinanderzugehen in
diesem Jahr stattfinden? Könnte der erste
Schritt von mir ausgehen?

Ertragt einander!

In Liebe zu kommunizieren bedeutet auch, den anderen zu ertragen. Unsere Kommunikation kann (gerade

in Konfliktsituationen) noch so klar und gleichzeitig liebevoll sein – wir werden deswegen den anderen und das, was uns an seinem Verhalten immer wieder aufstößt, nicht grundsätzlich verändern können. Hier hilft mir ein weiterer Satz von Paulus: »Seid nachsichtig mit den Fehlern der anderen und vergebt denen, die euch gekränkt haben. Vergesst nicht, dass der Herr euch vergeben hat und dass ihr deshalb auch anderen vergeben müsst« (Kolosser 3,13). Luther übersetzt den Beginn dieses Verses mit »Ertragt einander!«.

Unsere Fähigkeit, etwas oder jemanden zu ertragen, entwickelt sich meiner Wahrnehmung nach immer weiter zurück. Wenn uns etwas oder jemand nicht mehr passt, wenn wir uns von dem anderen ständig gegen den Strich gebürstet fühlen, wenn die Dinge nicht so laufen, wie wir uns das vorstellen, dann können wir das kaum noch aushalten und steigen aus. Schließlich bietet uns der Markt der Möglichkeiten tausend andere Optionen an, die uns scheinbar ein leichteres Leben versprechen.

Tatsächlich scheint der Wechsel des Arbeitsplatzes, der Gemeinde oder gar des Partners manchmal wie eine Erlösung zu sein, und es gibt Situationen, in denen er das auch ist. Weil Menschen sehr lange Zeit gekämpft haben, nun am Ende ihrer Kraft sind und keinen anderen Ausweg sehen, als aus der belastenden Situation auszusteigen. Aber heute wird ein »Raus aus der Situation« vorschnell als die beste Lösung propagiert. Dabei wird übersehen, dass wir Belastbarkeit auch nur unter Belastung trainieren. Gehen wir Problemen immer aus dem Weg, dann wächst unsere Belastbarkeit nicht, sondern schwindet immer mehr. Bei der nächsten Schwierigkeit gehen wir dann noch eher in die Knie, denn wir haben immer noch keine Strategien entwickelt, mit Druck umzugehen. Wir übersehen auf der Suche nach schnellen und leichten Lösungen auch, dass wir uns selbst immer mitnehmen, und stellen dann ernüchtert fest, dass uns die neue Gemeinde, der andere Partner oder die veränderte Arbeitssituation zwar kurzfristig ein gutes Gefühl beschert haben, aber nach einiger Zeit auch hier wieder Probleme auftauchen. Wir haben es eben immer und überall nur mit Menschen zu tun. Und wir sind ... einer von ihnen! Wer ausschließlich in der Veränderung des äußeren Lebensrahmens sein Glück sucht, verpasst die Chance, *sich selbst* zu verändern und damit mehr Lebenskompetenz zu entwickeln.

In dem oben zitierten Bibelvers werden wir dagegen ermutigt, eben nicht vorschnell auszusteigen. Hier werden wir aufgefordert, die Situation und den anderen darin zu ertragen, ihn nicht immer korrigieren oder verändern zu wollen, sondern ihn auszuhalten und stehen zu lassen. Tun wir das, dann akzeptieren wir damit, dass Gott diese schräge Gestalt mit ihren eigenartigen Ansichten und unmöglichen Verhaltensweisen ausgerechnet in unser Leben gestellt hat. Mir hilft es dann zu sagen: »Es ist, wie es ist, und die Person ist, wie sie ist. Ich kann daran nichts ändern und deswegen rege ich mich auch nicht dauernd darüber auf. Da muss ich jetzt einfach durch!«

Damit sich an dieser Stelle nicht doch wieder Ärger in uns aufstaut oder wir gegenüber dem anderen einfach nur dichtmachen, ist es nötig, dass wir ihm immer wieder vergeben. Vergebung spült unsere Seele durch und verhindert, dass sich Groll und Bitterkeit gegenüber dem anderen in uns festsetzen. Diese Nachsicht mit unserem Mitmenschen und seinen Fehlern begründet Paulus damit, dass wir doch selbst ausschließlich und immerwährend von der Vergebungsbereitschaft Gottes leben. Er erträgt und hält uns aus, ja, noch viel mehr: Er liebt uns von ganzem Herzen. Und das, obwohl wir sind, die wir sind: reichlich schräge Gestalten mit eigenartigen Ansichten und unmöglichen Verhaltensweisen!

Unsere Vollkommenheit besteht zum großen Teil darin, dass wir einander in unseren Unvollkommenheiten ertragen.

Franz von Sales[8]

IMPULS

In Liebe dem anderen zu begegnen bedeutet auch, ihn mit seinen Eigenarten zu ertragen. In welchen Bereichen kann ich meine Bereitschaft zu ertragen und nachsichtig zu sein im kommenden Jahr trainieren?

Verantwortung lassen,
wo sie hingehört: In Liebe loslassen

Ich öffne die Post. Oh nein, nicht schon wieder ein Knöllchen! Na, wenigstens trifft es diesmal nicht mich, sondern eine unserer erwachsenen Töchter, die vorübergehend wieder bei uns wohnt. Ich lege den Brief auf den Küchentisch und mache sie darauf aufmerksam, dass sie die Knöllchenkosten bald begleichen muss, weil sonst zusätzliche Strafzahlungen auf sie zukommen. Sie bedenkt mich mit dem mir vertrauten »Natürlich-Mama-ich-mach-doch-alles-was-du-sagst«-Blick und verspricht: »Ich denk dran und erledige das heute direkt nach der Arbeit«, bevor sie sich zügig aus meinem Dunstkreis entfernt.

Es passiert ... nichts. Tagelang ... nichts. Ohne Erfolg erinnere ich meine Tochter einmal und noch viele weitere Male an die noch ausstehende Zahlung. Ich stehe schon kurz davor, sie am Schlafittchen zu packen, damit sie endlich die Überweisung macht, als ich schließlich kapiere, dass ich mal wieder an der falschen Stelle Verantwortung übernehme. Verantwortung für eine Sache, die eigentlich nicht *meine*, sondern die eines *anderen* ist. Mir wird klar, dass ich vor lauter »Liebe« wieder einmal anfange, mir selbst zu viel aufzuhalsen. Damit überlaste ich mich, beraube aber auch den anderen einer Erfahrung, die er anscheinend braucht, um etwas zu lernen. »Etwas in Liebe tun« heißt eben nicht zwangsläufig, dass ich dem anderen abnehme, was ihm schwerfällt, sondern kann auch bedeuten, ihn loszulassen und ihm zuzumuten, seine eigenen Erfahrungen zu machen.

»Lieben und Loslassen« ist kein leichtes, aber ein sehr wichtiges Thema. Damit verbunden ist die Frage: Wofür trage ich eigentlich Verantwortung und wofür nicht? Die Beantwortung dieser Frage war für mich lange Zeit gar nicht so leicht. Denn als Kind einer alkoholkranken Mutter konnte ich zu diesem Thema keine gesunde Haltung entwickeln. Wer in einer Suchtfamilie aufgewachsen ist (oder in einer Familie, in der das Miteinander auf eine andere Weise massiv gestört war), für den sind gegenseitige Übergriffe und Grenzüberschreitungen normal und an der Tagesordnung.

»Etwas in Liebe tun« heißt nicht zwangsläufig, dass ich dem anderen abnehme, was ihm schwerfällt.

Übergriffigkeit und Grenzen-*losigkeit* waren bei uns normal! Die Grenzen des für uns Zumutbaren wurden von unseren Eltern nicht beachtet, und genauso wenig haben wir Kinder erkannt, wo die Grenzen unserer Verantwortung lagen. Weil wir uns am Verhalten anderer mitschuldig fühlten, gewöhnten wir uns an, Verantwortung für Zustände und Verhaltensweisen zu übernehmen, für die wir gar nicht verantwortlich waren. Um unsere Eltern von ihrem schädlichen Verhalten – zum Beispiel dem Ausleben ihrer Sucht, der Ausübung von Gewalt, von sexuellen Übergriffen oder eskalierenden Streitereien – abzubringen, haben wir manipuliert, getrickst, kritische Situationen vorhergesehen und abzuwenden versucht, um rechtzeitig zu deeskalieren. Für einen anderen mitzudenken und uns einzumischen, um Schlimmeres zu verhindern, war für uns normal. In unserer Kindheit war das eine Überlebensstrategie, zu der es damals keine Alternativen gab. Aber so konnten wir nie ein gesundes Gefühl dafür entwickeln, was in unseren Verantwortungsbereich und was in den Verantwortungsbereich des anderen fiel.

So war es auch bei mir. Verantwortung für mich und das Gelingen meines Lebens übernehmen? Fehlanzeige! Dafür war ich viel zu sehr mit anderen und *ihrem* Wohlergehen beschäftigt und hatte eine viel zu geringe Meinung von mir selbst. Dass ich selbst dafür zuständig bin, mein Leben zu gestalten, und mit einem »Nein« auch Grenzen setzen darf, kam mir früher nicht in den Sinn. Das passte absolut nicht zu meinem Verständnis von Liebe. Mir war völlig unklar, wo meine Verantwortung anfängt und wo sie aufhört. Vor diesem Hintergrund muss ich bis heute immer wieder darauf achten, mein Verantwortungsgefühl in einer gesunden Mitte zwischen einem Zuviel und einem Zuwenig auszubalancieren. Ich muss immer wieder hinschauen, ob das, was ich tue, wirklich aus

einer gesunden Liebe heraus folgt oder ob ich »Liebe«
wieder einmal völlig falsch verstehe.

> Lass los, die du mit Unrecht gebunden hast,
> lass ledig, auf die du das Joch gelegt hast!
>
> *Jesaja 58,6* (LUT)

IMPULS

Im Umgang mit anderen Menschen kann
Liebe auch bedeuten, mein ständiges
Einmischen und »In-die-Bresche-Springen«
in schwierigen Situationen einzustellen, damit
diese Person ihre eigenen Erfahrungen
machen und daraus lernen kann. Aber wenn
ich den anderen loslasse, fällt er in Gottes
Hand – und da ist er bestens aufgehoben!
Gibt es in meinem Leben Menschen, die ich
in diesem Sinne loslassen muss?

In erster Linie vor Gott verantwortlich

Wer wie ich in einer dysfunktionalen Familie auf-
wuchs, ist extrem darauf getrimmt, menschenorien-
tiert zu denken und zu handeln. In Bezug auf unser
Inneres ist es der »Problemmensch«, dessen Den-

ken, Reden und Handeln unser Leben bestimmt. Was unsere Interaktion mit Menschen außerhalb der Familie betrifft, ist die permanente Reflexion unseres Handelns mit den Fragen »Was sollen denn die anderen denken?« oder »Hat auch wirklich niemand etwas gemerkt?« unser ständiger Begleiter. Unser Radarschirm ist permanent ausgefahren und nimmt wahr, wenn andere hinter unserem Rücken tuscheln, uns komisch angucken oder sich über uns lustig machen. Damit werden andere Menschen für uns zum Maß der Dinge, und die Furcht davor, dass sie unser wohlgehütetes Geheimnis lüften und schlecht von uns denken könnten, ist allgegenwärtig.

Und selbst dann, wenn wir beginnen, diese Schräglage zu korrigieren und damit unsere Überverantwortlichkeit für den »Problememacher« zurückfahren, lässt uns dieses stark menschenorientierte Denken nicht vom Haken. Nun taucht es in einem anderen Gewand auf: »Was sollen denn bloß die Nachbarn/Freunde/meine Familie denken, wenn ich den armen Kerl so in sein Unglück rennen lasse – ist das nicht total lieblos?« Oder: »Die Leute denken jetzt bestimmt, ich sei eine schlechte Mutter, ein miserabler Vater, ein herzloser Partner oder ein undankbares Kind!« Dieses stark an Menschen orientierte Denken behindert die Entwicklung einer gesunden und *wirklich* hilfreichen Liebe. Und es verhindert, dass wir Verantwortung da lassen, wo sie hingehört.

Inzwischen weiß ich, dass dieses auf andere ausgerichtete Denken und Verhalten längst nicht nur ein Thema für Kinder aus schwierigen Familien ist, sondern im Denken und Fühlen ganz vieler Menschen verankert ist. Es lohnt sich also für (fast) jeden, dieses Verhalten einmal kritisch zu reflektieren.

Schaue ich in die Bibel, dann stelle ich sehr schnell fest, dass ich nicht vor Menschen für mein Leben Rechenschaft abzulegen habe, sondern letztlich allein vor Gott. Vor *ihm* allein bin ich für mein Tun und Lassen verantwortlich! Das ist ungeheuer befreiend! Gerade bei Jesus können wir diese große Freiheit von Menschen und ihren Meinungen über ihn wunderbar beobachten. Er ließ sich weder von Begeisterung noch von Ablehnung, weder von Erwartungen und Forderungen noch von den Nöten der Menschen leiten, sondern lebte und liebte allein aus dem Kontakt zu seinem Vater und in Verantwortung vor ihm. Er tröste, heilte, ermutigte oder funkte dazwischen, wenn aus seiner Sicht der richtige Zeitpunkt da war – ob den Menschen das gerade passte oder nicht. Bei Paulus sehen wir ebenfalls eine große Freiheit von menschlichen Meinungen und Beurteilungen in dem Wissen, letztlich nur vor Gott verantwortlich zu sein. Er schreibt:

> **Vor Gott allein bin ich für mein Tun und Lassen verantwortlich.**

Allerdings hat es für mich keinerlei Bedeutung, welches Urteil ihr über mich fällt oder ob sonst irgendeine menschliche Instanz über mich zu Gericht sitzt. Nicht einmal ich selbst maße mir ein Urteil über mich an. Ich wüsste zwar nicht, dass ich mir etwas hätte zuschulden kommen lassen, aber damit bin ich noch nicht gerechtfertigt. Entscheidend ist das Urteil, das der Herr über mich spricht.

1. Korinther 4,3-4 (NGÜ)

So können auch wir lernen, uns nicht jedem Urteil und Anspruch von Menschen zu beugen, sondern dürfen mit wachsender Jesusbeziehung unser Leben in großer Freiheit führen. Einer Freiheit, die nicht mehr ständig fragen muss: »Sind die *Menschen* mit meinem Handeln einverstanden?«, sondern ganz entspannt nur noch diese Fragen zu stellen braucht: »Tue ich in dieser Sache das, was *Gott* von mir will?«, und: »Liebe ich so, wie *Jesus* es jetzt täte?«

Menschenfurcht und Menschengefälligkeit sind die zwei gefährlichen Klippen, an denen unser Gewissen am ehesten Schiffbruch leiden kann, wenn unser Lehrer und Meister nicht am Ruder sitzt.

Johann Georg Hamann[9]

> ## IMPULS
>
> Auch die Angst vor dem, was andere
> Menschen über mich denken könnten, wenn
> ich Überverantwortlichkeit zurückfahre und
> jemanden loslasse, verhindert manchmal,
> dass ich eine gesunde Liebe zu ihm einübe.
> Wie befreiend ist es zu hören, dass ich mit
> meinem Tun und Lassen allein vor Gott
> verantwortlich bin. Das lässt mich stark und
> mutig meinen Weg gehen!

Verantwortlich für uns selbst

Ich bin also in erster Linie *vor Gott* für mein Handeln
verantwortlich. Aber *für wen* bin ich verantwortlich?
Meine Vorstellungen waren an dieser Stelle lange Zeit
sehr verschwommen. In meiner Kinder- und Jugendzeit kreiste ich (wie alle anderen Mitglieder unserer
Familie) wie ein Planet um unsere Mutter. Mein Vater
übernahm Verantwortung dafür, dass der Familien-
betrieb trotz allem funktionierte, ich übernahm Verantwortung dafür, dass die Stimmung nicht kippte
oder das Trinken meiner Mutter sich in Maßen hielt
(und hatte da äußerst raffinierte Methoden entwickelt!) und so weiter. Wir alle übernahmen Verantwortung für alles und jeden – nur nicht für uns selbst.

Was meine Person betraf, gewöhnte ich mir dabei immer mehr eine Opferhaltung an. Daran, dass es mir so schlecht ging in meiner Familie, waren meine Mutter und ihr Trinken schuld – ganz klar. Da ich ein Kind bzw. Teenager war und in meinem Leben noch nicht auf eigenen Beinen stehen konnte, stimmte das zu diesem Zeitpunkt auch in gewisser Weise. Aber ich behielt auch später diese Opferhaltung bei und weigerte mich, Verantwortung für mich, mein Verhalten und meine Entscheidungen zu übernehmen.

Bis ich dann viel später, in der Lebensmitte, in einer Erschöpfungsdepression landete. Für mich war insgeheim glasklar, wer daran schuld war: meine vier Kinder, die mich rund um die Uhr forderten, mein Mann, der als Pastor von früh bis spät in der Gemeinde herumwuselte, anstatt mich zu Hause zu entlasten, und Gemeindemitglieder, die mehr oder weniger subtile Erwartungen an mich als »Pastorenfrau« hatten. Diese Gedanken hätte ich niemals laut ausgesprochen – aber gedacht und gefühlt habe ich genau *so*. Später wurde mir nach und nach klar, dass *ich* für mein Leben verantwortlich bin und viele Dinge genau so passieren, weil ich diese Verantwortung eben *nicht* übernommen hatte. Und ich lernte: Wer lieblos und unachtsam mit sich selbst umgeht, dem wird es schwerfallen, anderen Menschen wirklich in Freiheit und ohne Gegenleistung Liebe zu schenken!

Im Neuen Testament werden viele Situationen geschildert, in denen Jesus sehr deutlich macht, dass

Menschen zuerst einmal für sich selbst, ihr Reden, Handeln und auch ihre Entscheidungen verantwortlich sind. Das »Mit-dem-Finger-Zeigen« auf andere, verbunden mit der Aussage »Der macht nicht ... und deswegen muss ich ...«, ließ er nicht gelten (vgl. Lukas 10,38-42). Immer wieder heißt es: »*Du* folge mir nach und triff Entscheidungen, die für dein Leben und deine Gottesbeziehung förderlich sind. Was mit den anderen ist – das braucht dich nicht zu kümmern. Denn darum kümmere *ich* mich« (vgl. Johannes 21,21-22).

Und so dürfen auch wir unsere Überverantwortung für andere und ihre Defizite immer mehr ablegen, den Blick auf uns selbst richten und Verantwortung für die Überwindung unserer *eigenen* No-Gos übernehmen. Ich bin vor allem dafür verantwortlich, aus meinem Leben das Bestmögliche zu machen, geistlich und persönlich zu wachsen und die vielen kleinen, konkreten Schritte zu gehen, die dafür nötig sind. Ich bin dafür verantwortlich, dass ich auf Jesus höre und dass in meinem Leben sichtbar und erlebbar wird, was er in mir und durch mich in dieser Welt umsetzen will. Und ich bin dafür verantwortlich, dass alles, was *ich* tue, in Liebe geschieht! Paulus formuliert es so:

Jeder achte genau auf sein eigenes Leben und Handeln, ohne sich mit anderen zu vergleichen. Schließlich ist jeder für sein eigenes Verhalten verantwortlich.

Galater 6,4-5

> # IMPULS
>
> Manchmal glaube ich, der andere sei dafür
> verantwortlich, dass ich nicht umsetze, was
> ich von Jesus höre. Ich muss schließlich
> Rücksicht auf ihn nehmen ... Heute will ich
> mich fragen: Stimmt das wirklich? Und ist es
> wirklich Liebe zum anderen, die mich davon
> abhält, notwendige Schritte zu gehen? Ist es
> nicht auch bequem, die Schuld immer
> beim anderen zu suchen?

Verantwortlich für andere?
Ja, aber bitte mit Augenmaß!

Auch wenn wir ausschließlich vor Gott und zuerst
für uns selbst und das Gelingen unseres Lebens verantwortlich sind, sollen wir darüber hinaus doch
auch unseren Blick zum anderen hin weiten. Wir
sollen nicht mit Scheuklappen durchs Leben laufen
nach dem Motto: »Mein Mitmensch und sein Tun
und Lassen gehen mich nichts an.« Nein, wir sind
aufgefordert, einander zu ermutigen, zu ermahnen,
zu dienen und ... zu lieben!

Das kann zum Beispiel heißen: Wenn wir sehen,
dass ein anderer Mensch in seinem Leben in Schief-

lage geraten ist und offensichtliches Fehlverhalten an den Tag legt, wäre es lieblos und *un*-verantwortlich, ihn einfach in dem Glauben zu lassen, alles wäre in bester Ordnung. Hier gilt es, einen geeigneten Zeitpunkt abzuwarten und ihm dann liebevoll, aber ehrlich unsere Wahrnehmung mitzuteilen. Das ist *unsere* Verantwortung! Was allerdings der andere dann damit macht, ist *seine* Sache. Es liegt in *seiner* Verantwortung, sein Verhalten nun zu verändern oder nicht.

Auch hier ist mir Jesus immer wieder ein gutes Vorbild: Er sprach sehr liebevoll, aber auch sehr bestimmt und direkt in das Leben der Menschen hinein, trat dann aber wieder einen Schritt zurück und ließ ihnen die Freiheit, eigene und selbstverantwortliche Entscheidungen zu treffen.

Göttliche Liebe lässt los, seelische Liebe klammert! Manipulation oder das »Bearbeiten« seiner Zuhörer waren ihm fremd. Und dabei hätte er wirklich mit Fug und Recht behaupten können, dass er ausschließlich die besten Absichten hatte. Göttliche Liebe lässt los, seelische Liebe klammert!

In den Evangelien wird uns von der Begegnung und einem Gespräch zwischen Jesus und einem reichen jungen Mann erzählt (Markus 10, Matthäus 19, Lukas 18). In Markus 10,21 heißt es, dass Jesus diesen Mann lieb gewann. Trotzdem oder gerade deswegen konfrontierte Jesus ihn mit seinem Lebensthema, nämlich seiner Bindung an den Reichtum. Der Mann war nicht bereit, an dieser Stelle Konsequenzen zu ziehen – und Jesus? Er ließ ihn ohne weiteren Kommentar gehen! Wir finden bei Jesus kein Klammern, kein Bearbeiten, kein Bitten und Betteln, kein Abnehmen der Verantwortung für diese Entscheidung, sondern die Akzeptanz, dass der andere seine Entscheidungen in aller Freiheit treffen darf und auch die Konsequenzen dafür trägt. Jesus liebte diesen Mann und trotzdem konnte er loslassen.

So haben mir meine Beziehung zu Gott und das Lesen in der Bibel an dieser und vielen anderen Stellen geholfen, mein einseitiges und oft falsches Denken in Bezug auf Liebe zu korrigieren. Dass ich mit diesem Lernprozess noch lange nicht fertig bin, zeigt die kleine Alltagssituation mit meiner Tochter, die ich am Anfang dieses Kapitels geschildert habe. Übrigens: Gerade hat meine Tochter angerufen und stöhnend verkündet: »Mama, ich muss dreißig Euro Strafe zahlen, weil ich mein Knöllchen nicht bezahlt habe. Beim nächsten Mal muss ich das unbedingt direkt erledigen!« Ich muss grinsen und denke insgeheim: »Na, das war doch für uns beide eine wichtige Erfahrung!« Hätte ich aus falsch verstandener Liebe heraus wieder einmal zu viel Verantwortung übernommen, hätte meine Tochter nichts gelernt und ich ... auch nicht!

> Freiheit bedeutet Verantwortlichkeit, das ist der Grund, weshalb die meisten Menschen sich vor ihr fürchten.
>
> *George Bernard Shaw*

IMPULS

An welchen Stellen übernehme ich zu wenig Verantwortung für mich und meine Lebensgestaltung, aber – aus einer falsch verstandenen Liebe heraus – zu viel Verantwortung für eine andere Person? Ich will mir bewusst machen, dass »in Liebe handeln« mitunter bedeutet, den anderen loszulassen, damit er seine eigenen Erfahrungen machen darf. Wer weiß, welche Wachstums- und Veränderungsprozesse Gott für ihn bereithält?!

Dienen, ohne auszubrennen:
In Liebe anderen dienen

Wenn Liebe verschwindet

Wir haben in den letzten Kapiteln viel über Selbstverantwortung und über die Grenzen unserer Verantwortung nachgedacht sowie darüber, dass wir vor lauter »Liebe« zum anderen nicht übergriffig werden dürfen. Das bedeutet nun aber nicht, dass wir ständig nur um uns selbst kreisen! Nein, ein Leben in Verantwortung schließt den Dienst am anderen mit ein. »Alles, was ihr tut, geschehe in Liebe« meint immer auch unser liebevolles Dasein für den anderen. Wir lesen in 1. Johannes 3,18: »Liebe Kinder, wir wollen nicht nur davon reden, dass wir einander lieben; unser Tun soll ein glaubwürdiger Beweis unserer Liebe sein.« Liebe und Tun, Liebe und Einander-Dienen gehören für einen Christen untrennbar zusammen. Nachdem Jesus nach einer Mahlzeit seinen Jüngern völlig überraschend die Füße gewaschen hatte, sagte er:

Und weil ich, der Herr und Meister, euch die Füße gewaschen habe, sollt auch ihr einander die Füße waschen. Ich habe euch ein Beispiel gegeben, dem ihr folgen sollt. Tut, was ich für euch getan habe. Es ist nur zu wahr: Ein Diener ist nicht größer als sein Herr. Genauso sind die Boten nicht wichtiger als der, der sie gesandt hat. Ihr wisst das alles – nun handelt auch danach. Das ist der Weg zu eurem Glück!

Johannes 13,14-17

Interessant ist hier, dass Jesus den Dienstgedanken mit Glück verbindet. Aber genau so sollte es auch sein, wenn wir aus Liebe heraus dienen: Es soll uns erfüllen und uns und den anderen glücklich machen!

Woran liegt es dann, dass viele Menschen in ihrem Dienst am anderen (egal, ob sie das beruflich oder im Ehrenamt tun) ausbrennen und manche irgendwann alles hinschmeißen? Über einen Dienst, den wir mit großer Hingabe und Liebe tun, wird gerne berichtet. Denn das ist etwas Positives, etwas, was uns ermutigt und stärkt. Aber über das, was uns auch im Dienst passieren kann, über das Ausgebranntsein und über Zeiten, in denen uns die Liebe abhandenkommt, wird oft geschwiegen. Die Betroffenen verschwinden einfach irgendwo und irgendwann in der Versenkung. Dabei wäre es so wichtig zu erfahren, wie es zu dieser inneren Erschöpfung kommen konnte.

Auch ich bin als junger Mensch in die Nachfolge und den Dienst mit großer Liebe zu Jesus und den mir anvertrauten Menschen eingestiegen. Mein Mann und ich haben beide nach der Ausbildung und Arbeit in unseren »weltlichen« Berufen noch ein theologisches Studium an der Biblisch-Theologischen Akademie Wiedenest absolviert und sind dann in den Gemeindedienst gegangen – mein Mann als Pastor und ich als dazugehörige Pastorenfrau mit allen Anforderungen, die das (vor allem in der damaligen Zeit) mit sich brachte. Zeitgleich sind wir in die Familiengründung gestartet und haben in relativ kurzen Abständen vier Kinder bekommen. Das hieß bei uns im Klartext: Mein Mann war rund um die Uhr in Sachen Gemeinde unterwegs und ich kämpfte zu Hause meinen ganz eigenen Kampf mit vier Kleinkindern. Darüber hinaus versuchte ich, so gut es ging, meinen Mann in seinem Dienst zu unterstützen und in der Gemeinde mitzuarbeiten.

Dabei bekam meine Liebe zum Dienst erste Beulen. Gemeinde wurde von mir zunehmend als Last empfunden und lag in einem ständigen Widerstreit mit meinen Bedürfnissen und Wünschen. Ich brauchte meinen Mann ja auch zu Hause als Unterstützung! Aber das zu sagen und vielleicht sogar einzufordern, traute ich mich nicht. Wenn doch, dann hatte ich ein schlechtes Gewissen, was mich in einen großen inneren Konflikt brachte: Ich wollte ja *lieben* und ihn freigeben für seinen Dienst und ihn nicht mit meinen egoistischen Wünschen und Ansprüchen blockieren. An dieser Stelle wuchsen in mir ganz unmerklich Bitterkeit und ein innerer Zwiespalt zwischen den Ansprüchen und Idealen, die ich im Kopf hatte, und dem, was tatsächlich in mir war. Meine wahren Gefühle und Gedanken drückte ich einfach nur weg.

Die Gemeindesituation, in die wir damals als sehr junges Ehepaar einstiegen, war zudem recht schwierig. Es gab einerseits viele neue und positive Entwicklungen, aber auch jede Menge Konflikte. Wir hatten Visionen im Herzen, viele neue Ideen im Kopf und brannten für Jesus und die Gemeinde. Aber wir stießen oftmals auf unantastbare Traditionen und auf verkrustete Frömmigkeit. Das sorgte für jede Menge Zündstoff und Verletzungen im Miteinander, wodurch meine Liebe zu den Menschen noch mehr Beulen bekam. Und so gab es Zeiten, in denen ich unseren Dienst, den ich ja als Dienst für Gott verstand, regelrecht hasste, weil dieser Dienst so enorm viele Kräfte verschliss und Energie aus unserem Leben saugte. Dabei sollte und wollte ich doch Gemeinde und meinen Dienst für Jesus lieben!

Unweigerlich kam es dazu, dass ich auch Jesus nicht mehr bereitwillig und gern nachfolgte, sondern mich müde hinter ihm herschleppte. Er – das war mein Empfinden – hatte uns das Ganze schließlich eingebrockt! Und so rutschte ich immer weiter weg von der anfänglichen Liebe in Richtung Erschöpfung, bis ich schließlich in einer handfesten

Depression landete und in Panikattacken, die mir das Leben schwer machten. Mit einem Mal war von der Powerfrau, der Supermutter und der patenten Frau eines Pastors nichts mehr übrig als ein Häufchen Elend. Meinen »normalen« Alltag bekam ich gerade noch so hin, aber mehr ging nicht. Mein Inneres streikte und warf mich aus der Bahn.

Doch seitdem ist in meinem Leben eine Menge passiert. Jesus hat mich mit einer unglaublichen Geduld und Zartheit aus meinem Loch herausgelockt und herausgeliebt. Und ich habe an vielen Themen therapeutisch gearbeitet, sodass ich heute sagen kann: Ich liebe Jesus mehr als je zuvor und diene ihm wieder leidenschaftlich gern. Ganz anders als vorher und an der einen oder anderen Stelle sicherlich immer noch leicht verbeult, aber dennoch wieder mit Liebe im Herzen. Dass eine Korrektur meines Verständnisses von »Liebe« dazugehörte, ist in diesem Buch schon mehrfach angeklungen. Einige Gedanken, die mir in dieser Zeit und in dem ganzen Heilungsprozess darüber hinaus wichtig geworden sind, möchte ich in den nächsten Abschnitten gerne mit Ihnen teilen.

> Menschliche Schwachheit kann die Pläne der göttlichen Allmacht nicht umstoßen. Ein göttlicher Baumeister kann auch mit fallenden Steinen arbeiten.
>
> *Michael von Faulhaber*

> ## IMPULS
>
> Kenne auch ich Zeiten in meinem Leben,
> in denen mir in meinem Dienst für Gott die
> Liebe abhandengekommen ist? Woran lag
> das und was hat mir dann geholfen?

Das eigene Maß und Tempo finden

Die Liebe für unseren Dienst brennt aus, wenn wir nicht unser eigenes Maß finden, unsere eigenen Grenzen kennen und unser persönliches Strickmuster akzeptieren. Ich musste das erst mühsam lernen!

Mein Mann ist vollkommen anders als ich. Er ist sehr leistungsstark, ungeheuer belastbar, liebt es, viele Termine zu haben und ständig unter Menschen zu sein. Ich bin dagegen viel dünnhäutiger, brauche öfters Pausen zwischen Aktivitäten und benötige Zeiten des Alleinseins. Ein Grund dafür, dass mir meine Liebe für den Dienst zunehmend abhandenkam, lag darin, dass ich mich mit ihm oder anderen verglichen und versucht habe, ihr Maß und ihr Tempo zu leben. Ich bin sozusagen in fremden Schuhen gelaufen. Und wer das schon einmal getan hat, der weiß, dass man damit nicht weit kommt. Deswegen ist es so wichtig, dass wir bei uns selbst bleiben. Voraussetzung dafür ist, dass wir uns selbst gut kennen.

Wenn Sie einem anderen Menschen einen ersten »Überblick« über Ihre Persönlichkeit und Ihre Eigenarten geben sollten – was würden Sie dann sagen? Sind Sie eher lebhaft oder ruhig, eher beziehungsorientiert oder eher an Sachen und Fakten orientiert? Gehören Sie eher zu den emotionalen oder eher zu den sachlichen, nüchternen Menschen? Arbeiten Sie eher strukturiert oder unstrukturiert? Sind Sie eher »Mimose« oder zählen Sie mehr zu den »Dickhäutern«? Sind Sie sehr ruhebedürftig und lieben es, allein zu sein, oder brauchen Sie immer viel Trubel um sich herum? Sind Sie sehr detailverliebt oder denken Sie eher in großen Bögen und Zusammenhängen?

Uns auf diese Spuren hin zu uns selbst zu begeben, ist keine neumodische Selbstverwirklichungsschiene. Nein, ich bin der Überzeugung, dass Gott jeden und jede von uns einzigartig geschaffen hat und dass es in seinem Sinne ist, wenn wir ihm in dieser Einzigartigkeit nachfolgen. Wir erhalten unsere Liebesfähigkeit in unserem Dienst, wenn wir die sind, zu denen uns Gott gemacht hat. Wenn wir dagegen ständig gegen uns selbst anleben und in unserem Dienst versuchen, jemand zu sein, der wir gar nicht sind, dann machen wir irgendwann schlapp und unsere Liebe erlischt. Es geht also darum, Leben und Dienst zu uns passend zu gestalten.

Es geht darum, Leben und Dienst zu uns passend zu gestalten.

Hier ein Beispiel von mir: Wir werden in der Bibel immer wieder aufgefordert, anderen Menschen durch unsere Gastfreundschaft zu dienen. Beim Gedanken daran hatte ich immer das Idealbild einer Familie im Kopf, die ein offenes Haus hat und bei denen zu jeder Tages- und Nachtzeit ein reges Kommen und Gehen herrscht. Jeder wird mit viel Liebe willkommen geheißen. Ich finde so eine spontane Gastfreundlichkeit wunderbar und vorbildlich (vor allem bei einer Pastorenfamilie), merkte aber schon bald, dass *mich* diese Art von Leben ungeheuer belastete. Warum?

Ich bin ein sehr strukturierter und organisierter Mensch, und mich stresst es, wenn mein Tagesablauf ständig spontan durcheinandergebracht wird und ich zu dem, was ich eigentlich vorhatte, schon wieder nicht komme. Solange ich dieses Sosein von mir nicht akzeptiert hatte, machte ich die Faust in der Tasche und versuchte, dem Anspruch einer immer bereiten und liebevollen Gastgeberin gerecht zu werden. Schon bald merkte ich, dass ich immer genervter wurde von all den Menschen, die permanent Einlass bei uns begehrten. Von Liebe keine Spur! Bis ich irgendwann merkte, dass ich andauernd versuchte, jemand zu sein, der ich gar nicht bin. Von da an bat ich Gäste freundlich, vor ihrem Besuch einfach kurz anzurufen oder zu Beginn der Woche einen Termin zu vereinbaren, denn dann könnte ich mir meinen Tagesablauf entsprechend einteilen und hätte wirklich Zeit für sie. Eine kleine *äußere* Veränderung, die *in* mir aber eine große Veränderung bewirkte! Jetzt war die Liebe zu den Menschen wieder da, denn jetzt praktizierte ich Gastfreundschaft so, wie sie zu mir und meiner Persönlichkeit passte. Wenn ich Jesus im Einklang mit mir selbst diene, ist das sehr viel besser, als wenn ich in fremden Schuhen laufe!

Neben unserer Persönlichkeitsstruktur spielt in unserem Dienst das Thema Begabungen eine große Rolle. Wenn wir unsere Begabungen nicht kennen, rutschen wir sehr schnell in Aufgaben und Dienste hinein, die gar nicht richtig zu uns passen – und dann wird es anstrengend. Dann wird der Dienst zunehmend zur Last, was wiederum dazu führt, dass uns die Liebe immer mehr verloren geht. Wer beispielsweise keine Begabung im Umgang mit Kindern mitbringt, aber im Kindergottesdienst mitarbeitet, dem wird in seinem Dienst vermutlich bald die Puste ausgehen.

»Gott hat jedem von euch Gaben geschenkt, mit denen ihr einander dienen sollt«, schreibt Petrus (1. Petrus 4,10). Wir sind nicht einfach nur allgemein zum Dienen aufgefordert, sondern dazu, mit unserer *Gabe* zu dienen. Das ist ein großer Unterschied! Dienen hat durchaus etwas mit Anstrengung zu tun. Wenn wir aber gemäß unserer Gabe dienen, dann laugt uns dieser Dienst trotzdem nicht aus, denn der Dienst in unserem Gabenbereich führt uns auch enorm viel Energie zu.

Nun weiß ich natürlich auch, dass niemand von uns seinen Dienst zu hundert Prozent so gestalten kann, dass es an allen Stellen und immer passt. Wir alle müssen auch mit mehr oder minder großen

Sachzwängen leben und Kompromisse machen. Aber es geht um eine grundsätzliche Tendenz in unserem Leben, und die muss stimmen!

Ich habe festgestellt, dass das Ganze bei mir auch sehr viel mit meinem Gottesbild zu tun hat und damit, wie ich mich als Dienerin von Jesus verstehe. Lange Zeit habe ich empfunden, dass meine Wünsche und Bedürfnisse und das, was ich gerne tue und zu mir passt, bei Gott gar keine Rolle spielen. Ich fühlte mich wie ein kleines Rädchen im großen Reich-Gottes-Getriebe, einzig dafür da, dieses Ding durch meinen Dienst irgendwie am Laufen zu halten. Mich selbst mit meinen Bedürfnissen und Vorlieben bei Gott ins Gespräch zu bringen, fand ich egoistisch, und ich ging außerdem davon aus, dass Gott gar nicht daran interessiert ist. Ich bin so dankbar, dass ich Jesus später als jemanden kennenlernen durfte, der ganz anders ist: als jemanden, der mich wahrnimmt, bei dem ich eine große Bedeutung habe und der wirklich ein liebender und mir zugewandter Herr ist. Deswegen ist der erste Teil dieses Buches, »Gottes Liebe zu uns – Fundament für unsere Liebesfähigkeit«, so wichtig. Denn erst mit dieser Liebe im Herzen können wir die Jahreslosung umsetzen und damit auch unseren Dienst in Liebe tun!

> Wir können Gott nur mit dem dienen, was er selber in uns schafft.
>
> *Friedrich von Bodelschwingh*

IMPULS

Jesus hat mich berufen zu dienen.
Das gelingt am besten im Einklang mit
mir selbst. Bin ich mit mir und meiner
Persönlichkeit vertraut? Weiß ich, wie ich
»ticke«? Kenne ich die Begabungen, die
Gott mir mitgegeben hat? Wo ist mein
Platz und wie fülle ich ihn bestmöglich aus?

Bei Jesus bleiben

Damit wir auch langfristig aus Liebe heraus dienen können, sollten wir vor allem darauf achten, dass unsere ganz persönliche Liebesbeziehung zu Jesus erhalten bleibt. Wenn wir sehr engagiert in der Gemeindearbeit sind (zum Beispiel Gruppen- oder Hauskreisleiter sind oder predigen und so weiter), besteht die Gefahr, dass wir nur noch *für andere* hören und die Bibel nur noch für andere lesen.

Doch die Liebe in unserem Herzen bleibt nur lebendig, wenn wir noch zulassen, dass Jesus zu *uns* spricht. Wenn ich mit meinem Mann im Gottesdienst in einer anderen Gemeinde bin und wir hinterher darüber sprechen, sind wir schnell bei den formalen Dingen, zum Beispiel: Wie war die Gottesdienstgestaltung? Wie war die Predigt? War die Gemeinde gästeorientiert? Und so weiter. Das finde ich zunehmend problematisch. Deswegen frage ich nicht mehr: »Wie fandest du den Gottesdienst?«, sondern: »Ist dir persönlich heute etwas wichtig geworden?«, oder: »Hattest du den Eindruck, dass Jesus heute etwas zu dir gesagt hat?« Wenn ich diese Fragen stelle, merke ich, dass die Antwort deutlich schwerer fällt. Aber es ist entscheidend wichtig, dass wir auch für uns ganz persönlich hörfähig bleiben und immer wieder fragen: »Was will Jesus *mir* sagen?«

Die Liebe zu Jesus und zu den Menschen, die er uns anvertraut hat, bleibt tatsächlich nur lebendig, wenn wir ganz nah bei Jesus bleiben und seine Stimme hören. Wir brauchen das frische und direkte Reden von Jesus auch, um anderen etwas Frisches weitergeben zu können. So wie der Körper frisch zubereitete und vollwertige Nahrung braucht, um gesund zu bleiben, so braucht auch der innere Mensch das *lebendige* Wort Gottes. Worte, die hier und heute in das Leben von Menschen hineinsprechen. Unsere geistliche Frische von vor fünf oder zehn Jahren und unsere Worte, die damals aktuell und Lebens spendend waren, können wir ja nicht konservieren. Versuchen wir es dennoch, dann machen wir in unserem Dienst für andere irgendwann nur noch eine Dose auf. Aber früher oder später werden die Menschen das merken und sich unterversorgt fühlen. Das Frische kommt ausschließlich aus der direkten Begegnung mit Jesus. Wir empfangen es nur, wenn wir, im Bild gesprochen, direkt am Weinstock hängen und aus ihm unsere Kraft beziehen. Jesus sagt: »Ich bin der Weinstock; ihr seid die Reben. Wer in mir bleibt und ich in ihm, wird viel Frucht bringen. Denn getrennt von mir könnt ihr nichts tun« (Johannes 15,5).

Die Gefahr ist, dass wir uns von Jesus abkoppeln, weil wir in unserem Dienstbereich immer professioneller werden. Das verführt uns dazu zu denken, wir könnten das Ganze auch ganz gut ohne Jesus schultern. Ich bin sehr für Professionalität und dafür, dass wir uns weiterbilden und in unserem Dienstbereich immer kompetenter werden. Aber unsere größten Kompetenzen, die wir uns angeeignet haben, können niemals das Wirken von Jesus ersetzen. Egal, ob wir den Menschen in der Gesellschaft oder in der Gemeinde dienen, ob wir predigen, Gruppenstunden durchführen, putzen, Kaffee kochen, Besuche machen oder Randgruppen dienen – wir brauchen Jesus, der uns mit seiner Liebe füllt, damit wir selbst in Liebe dienen können! Johannes schreibt:

> Erkenne doch, wie weit du dich von deiner ersten Liebe entfernt hast! Kehre wieder zu mir zurück und bemühe dich so, wie du es am Anfang getan hast.
>
> *Offenbarung 2,5*

IMPULS

Immer wieder ertappe ich mich dabei, dass ich den Dienst, den Jesus mir aufgetragen hat, ohne Jesus tue. Ich vertraue mehr auf eigene Kompetenzen als auf ihn. Wenn ich mich aber nur auf meine menschlichen Möglichkeiten verlasse, bin ich schnell am Ende: am Ende mit meiner Kraft und am Ende mit meiner Liebe zu den Menschen. Heute will ich zurückkehren zu ihm und mich wieder ganz neu von seiner Liebe füllen lassen.

Fokussiert leben

Damit wir in unserem Dienst nicht ausbrennen, ist es extrem wichtig, dass wir nicht einfach »drauflos«dienen und das tun, was uns vor die Füße kommt, sondern gut hinhören, wo und wann wir dran sind. Außerdem ist wichtig, dass wir nicht viele verschiedene Auftraggeber haben, sondern einen einzigen, der das Sagen hat, nämlich Jesus.

Die Not um uns herum ist riesengroß. Die vielen verschiedenen Aufgabenfelder in unserer Gesellschaft, in unseren Gemeinden und bei christlichen Projekten schreien alle nach unserer Mitarbeit. Für die Burn-out-Gefährdeten unter uns kann die Aufforderung, sich dienend einzubringen, zu einer verhängnisvollen Falle werden. Während andere sich gemütlich zurücklehnen und alle Appelle an sich abprallen lassen, fühlt sich dieser Typus von der Bitte zur Mitarbeit *immer* angesprochen. Wir können dem nur entgehen, indem wir lernen hinzuhören, was *Jesus* von uns will. Nur das Hören auf ihn befähigt uns, fokussiert zu leben und zu dienen. Und das ist nötig, wenn wir uns nicht zwischen all den Anforderungen und Erwartungen aufreiben wollen.

Jesus selbst hat uns vorgemacht, wie das gehen kann. Er sagt von sich: »Ich versichere euch: Der Sohn kann nichts aus sich heraus tun. Er tut nur, was er den Vater tun sieht. Was immer der Vater tut, das tut auch der Sohn« (Johannes 5,19). Der enge Blickkontakt zu seinem Vater im Himmel bewahrte Jesus davor, sich zu verzetteln, und half ihm, fokussiert zu leben. Er diente, wann und wo es für ihn dran war, und setzte sich nur dort ein, wo er tatsächlich auch den Auftrag dazu hatte. Er handelte erst, wenn die Zeit dazu gekommen war. Damit war er nur an einigen Orten und nicht an allen. Er heilte und befreite nur einige Menschen und nicht alle. Er zog sich zwischendurch zurück, ruhte aus und nahm sich Zeit zum Gebet. Und das, obwohl die Leute mit ihren Gebrechen Schlange standen! Aber Jesus ließ sich nicht von der Not treiben, sondern konzentrierte sich auf das, was ihm von Gott aufgetragen wurde. Und so war sein Dienst dennoch äußerst effektiv.

Auch Paulus kann uns diesbezüglich ein Vorbild sein. Als Antwort auf die Parteiungen in der Gemeinde schreibt er den Korinthern:

Ich danke Gott, dass ich – abgesehen von Krispus und Gajus – keinen von euch getauft habe, denn so kann jetzt keiner behaupten, er wäre auf meinen Namen getauft worden. Auch die Angehörigen des Hauses von Stephanas habe ich noch getauft, aber sonst erinnere ich mich an niemanden, den ich getauft habe. Denn Christus hat mich nicht gesandt zu taufen, sondern das Evangelium zu verkünden.

1. Korinther 1,14-17

Natürlich kannte Paulus den Missionsauftrag von Jesus, zu allen Völkern zu gehen, alle Menschen zu seinen Jüngern zu machen, sie zu taufen und zu unterweisen (vgl. Matthäus 28,19-20). Aber innerhalb dieses »Großauftrags« kannte er auch seinen »Spezialauftrag«, nämlich, das Evangelium zu verkünden. Diese Berufung konnte er mit großer Klarheit und Bestimmtheit formulieren und gleichzeitig mit großer Gelassenheit feststellen: »Taufen ist in der Regel nicht ›mein Ding‹ – dazu bin ich von Jesus nicht beauftragt.«

Auch wir werden immer nur einen bestimmten Teil, aber längst nicht alles tun können. Wir werden, wenn unsere Liebe erhalten bleiben soll, Grenzen setzen und zu mancher Aufgabe Nein sagen müssen. Je genauer wir unseren Spezialauftrag kennen, umso leichter wird uns das fallen und umso gezielter und effektiver können wir da dienen, wo auch tatsächlich unser Platz ist. Ich will lernen, mich auf »mein Ding«, auf mein Lebensthema zu fokussieren und nicht auf das, was andere von mir erwarten. Ich will Jesus nachfolgen – und nicht der Not oder den Bedürfnissen der Menschen und auch nicht meinem Dienst.

> Man muss an seine Berufung glauben und alles daransetzen, sein Ziel zu erreichen.
> *Marie Curie*

IMPULS

Kenne ich meinen »Spezialauftrag« und kann ihn auch benennen? Oder habe ich mich inzwischen so verzettelt in all den Anforderungen, die an mich gestellt werden, dass ich gar nicht mehr formulieren kann, was meine eigentliche Berufung ist? Ich will mir die Zeit nehmen, meine Aktivitäten noch einmal durchzusortieren und mich neu auf das zu fokussieren, was Jesus von mir will!

Den Liebestank auffüllen

Eine Freundin von mir pflegt ihre alt gewordenen Eltern. Das ist derzeit ihr Spezialauftrag, ihr Dienst, den sie mit sehr viel Einsatz, Hingabe und Liebe tut. »Alles, was ihr tut, geschehe in Liebe« muss von ihr an manchen Tagen sehr mühsam durchbuchstabiert werden. Sie merkt auch, dass sie mit ihrer Liebe bald am Ende ist, wenn sie sich nicht regelmäßig Auszeiten nimmt: Zeiten, in denen sie die Unterstützung anderer in Anspruch nimmt, um mal rauszukommen und sich selbst etwas Gutes zu tun. Sie sagt: »Wenn ich nach so einer Auszeit zurück in die Wohnung meiner Eltern komme, dann ist mein Liebestank wieder aufgefüllt. Ich bin gelassener und habe wieder mehr Geduld mit ihnen.«

Um unseren Dienst in Liebe tun zu können, brauchen wir alle auch Zeit auszuruhen, zu entspannen und etwas zu tun, was uns guttut und wobei wir auftanken können. Gott hat uns nicht als Arbeitstiere geschaffen, sondern als Menschen, die genießen können, die sich an Kunst, Kultur, Musik und der Schönheit der Natur freuen können und die das Leben feiern sollen. Wir brauchen diesen Ausgleich, um in innerer Ausgewogenheit zu bleiben und auch unseren Liebestank für unseren Dienst wieder aufzufüllen. Schauen Sie hin, was Ihnen ganz persönlich guttut. Wichtig ist, dass Sie wissen, was neben der Beziehung zu Jesus *Ihre* ganz persönlichen Energiespender sind.

Auch Jesus gab seinen Jüngern immer wieder die Möglichkeit, aufzutanken. Nachdem Jesus die zwölf Jünger mit einem Auftrag losgeschickt hatte und sie dann zurückkehrten, geschah Folgendes:

Die Apostel kehrten zu Jesus zurück und berichteten, was sie getan und gelehrt hatten. Darauf sagte Jesus: »Kommt, wir ziehen uns an einen einsamen Ort zurück, wo ihr euch ausruhen könnt.« Denn ständig waren so viele Menschen um sie, dass Jesus und seine Apostel nicht einmal Zeit fanden zu essen. So fuhren sie mit dem Boot an einen ruhigeren Ort. Aber die Leute bemerkten ihre Abfahrt. Da liefen sie aus den umliegenden Städten am Ufer entlang voraus und waren bereits da, als sie anlegten. Als Jesus aus dem Boot stieg, erwartete ihn eine riesige Menschenmenge. Er hatte Mitleid mit ihnen, denn sie waren wie Schafe ohne Hirten. Deshalb nahm er sich Zeit, sie vieles zu lehren. Spät am Nachmittag traten seine Jünger zu ihm und sagten: »Dies ist eine einsame Gegend und es wird langsam spät. Schick die Leute fort, damit sie auf die umliegenden Gehöfte und in die Dörfer gehen können und sich etwas zu essen kaufen.« Doch Jesus meinte: »Gebt ihr ihnen zu essen.«

Markus 6,30-37

Jesus verordnet seinen Jüngern nach einer herausfordernden Dienstzeit eine Pause. Er selbst dient den Menschen weiter. Seine mitleidende Liebe zu dieser verwaisten Menschenmenge ist noch lange nicht am Ende. Erst am späten Nachmittag treten seine Jünger wieder in Aktion und bekommen von Jesus einen neuen Auftrag. Jesus nimmt sich höchstpersönlich der Not der Menschen an, während die Jünger ausruhen.

Auch wir können Arbeit mal Arbeit sein lassen. Jesus kümmert sich!

Ich glaube, wenn wir Jesus nachfolgen, dann brennen wir in unserem Dienst nicht aus. Denn Jesus ist der gute Hirte, der sich liebevoll um seine Schafe kümmert, und kein Dieb, der unser Inneres ausbeutet und bestiehlt (vgl. Johannes 10,10). Es kann sein, dass es zwischendurch anstrengend wird. Es kann sein, dass *wir* herausgefordert sind, bis an die Grenzen unserer Kraft zu gehen, und denken: »Puh, jetzt reicht es mir aber bald!« Aber in der Jesusnachfolge wird das niemals ein Dauerzustand sein. Wie in Psalm 23 beschrieben, wird uns der gute Hirte immer wieder zu Ruheplätzen führen, wo wir auftanken können.

Man kann Gott nicht allein mit Arbeit dienen, sondern auch mit Feiern und Ruhen.
Martin Luther[10]

IMPULS

Dass mir die Liebe zu meinem Dienst fehlt, liegt vielleicht daran, dass ich überlastet und erschöpft bin. Um liebesfähig zu bleiben, brauche ich Aus- und Ruhezeiten. Wo kann ich in meinem Leben solche Zeiten verankern und wie möchte ich sie gestalten?

Zwischen Holzhammermethode und Stillschweigen: In Liebe das Evangelium weitergeben

Den eigenen Weg finden

Der Leitsatz »Alles, was ihr tut, geschehe in Liebe« gilt auch für die Art und Weise, wie wir anderen die Gute Nachricht (deutsch für das griechische Wort *euangelion*) weitergeben. In Johannes 3,16-18 wird dieses Evangelium wunderbar auf den Punkt gebracht:

> Denn Gott hat die Welt so sehr geliebt, dass er seinen einzigen Sohn hingab, damit jeder, der an ihn glaubt, nicht verloren geht, sondern das ewige Leben hat. Gott sandte seinen Sohn nicht in die Welt, um sie zu verurteilen, sondern um sie durch seinen Sohn zu retten. Wer an ihn glaubt, wird nicht verurteilt.

Dieses großartige Evangelium, das uns gerettet, befreit und verändert hat, dürfen und sollen wir mit anderen teilen (vgl. Matthäus 28,18-20).

Ich habe lange Zeit gebraucht, bis ich an dieser Stelle meinen Weg gefunden habe. Ich komme aus einer Frömmigkeitsrichtung, in der es in meiner Jugendzeit in Bezug auf die Weitergabe des Evangeliums sehr viel Lieblosigkeit und Grenzüberschreitungen gab. Oft hatte ich den Eindruck, dass der Mensch an sich in der Begegnung kaum eine Rolle spielte, sondern nur als Missionsobjekt gesehen wurde. Hauptsache, man konnte das Evangelium an den Mann oder an die Frau bringen und damit bestenfalls noch erfolgreich sein (zum Beispiel, weil das Interesse des anderen geweckt war und er mit zu einer Veranstaltung kam). Das geschah durchaus mit den besten Absichten! Schließlich ging es um Ja oder Nein, drinnen oder draußen, verloren oder gerettet, Himmel oder Hölle. Da heiligte der Zweck durchaus schon mal die Mittel! Und so wurden die »geistlichen Daumenschrauben« hin und wieder gern mal ein bisschen angezogen oder der Holzhammer hervorgeholt, um dadurch eine verlorene Seele (zurück) zu gewinnen.

Zudem war es legitim, auch mit Schuldgefühlen zu arbeiten: »Dein Arbeitskollege, Nachbar oder Schulfreund ist noch nicht bekehrt? Hast du denn auch wirklich alles nur Erdenkliche getan, um ihn mit Jesus in Kontakt zu bringen? Müsstest du nicht doch noch einmal hingehen und ihn wiederholt einladen? Oder hast du etwa Menschenfurcht?« Oder: »Dein Bruder (oder deine Schwester) hat sich von der Gemeinschaft entfernt, sich der Welt zugewandt und lebt in Sünde?

Bist du ihm (ihr) wirklich ausdauernd genug nachgegangen? Macht es dich denn gar nicht betroffen, wenn Geschwister für die Ewigkeit verloren gehen? Gott wird dich dafür zur Rechenschaft ziehen!« Solche Aussagen weckten in mir ungeheure Schuldgefühle, lösten übermäßigen Druck aus und gaben mir das Gefühl, *ich* sei dafür verantwortlich, dass der Rest der Welt mit mir gemeinsam die Ewigkeit bei Gott verbringt. Dieses übermäßige Verantwortungsgefühl lastete lange Zeit schwer auf meinen Schultern und raubte mir die Freude an der Nachfolge. Es war eine Last, die ich gar nicht tragen *konnte*, weil sie Unmögliches und Nichtmachbares von mir erwartete. Denn eine Bekehrung ist allein ein geistliches Geschehen und *entzieht* sich damit unserer Machbarkeit.

Der Druck raubte mir zudem die Liebe zu den Menschen, die Jesus mir in den Weg stellte. Ich war nur noch darauf fixiert, irgendwann und irgendwie das Evangelium loszuwerden, um meine Pflicht getan und keine nervigen Schuldgefühle mehr zu haben. Außerdem wollte ich frei von meinen inneren Anklägern und Schamgefühlen werden, die mich glauben ließen, ich sei von meiner eigenen Errettung nicht genug ergriffen, um vor Freude über dieses Geschehen wirklich überzusprudeln. Folgerichtig musste also bei *mir* etwas nicht stimmen.

Richtig schwierig wurde es für mich, als unsere eigenen Kinder in ihrer Sturm- und Drangzeit phasenweise »auf Abwege« gerieten. Damals lag ich tatsächlich nächtelang wach und quälte mich mit dem Gedanken, dass sie verloren gehen würden, und der Frage, was *ich* falsch gemacht hatte und was *ich* hätte besser machen müssen. In einer dieser Nächte machte Jesus mir klar: Diese quälenden Gedanken, die mir den Schlaf raubten, kamen nicht von ihm und nicht vom Heiligen Geist! Nein, das waren alte, ungute Prägungen, die der Zerstörer nutzte, um mich zu lähmen und mir die Freude zu rauben.

Als mir das klar wurde, begann ich mich auf die Suche nach eigenen Überzeugungen und nach meinem persönlichen »Evangelisationsstil« zu machen. Denn ich kann nur etwas mit Freude und Liebe weitergeben, wovon ich selbst überzeugt und begeistert bin. Angst und Druck behindern und blockieren mich dabei und machen mich unfrei. Johannes formuliert es so: »Furcht ist nicht in der Liebe, sondern die vollkommene Liebe treibt die Furcht aus. Denn die Furcht rechnet mit Strafe; wer sich aber fürchtet, der ist nicht vollkommen in der Liebe« (1. Johannes 4,18; LUT). Für mich hieß und heißt das: Ich möchte für die Menschen um mich herum Jesus sein und sie in seinem Namen lieben! Nicht mehr und nicht weniger. Ich schaue dann einfach, wie sich Beziehungen entwickeln. Wo Türen für »mehr« aufgehen, will ich sie gerne nutzen, und wo sie verschlossen bleiben, will ich diese Menschen gelassen an Jesus abgeben.

Ich möchte für die Menschen um mich herum Jesus sein und sie in seinem Namen lieben!

Dabei ist meine Überzeugung heute: Der Zweck heiligt eben *nicht* die Mittel. Menschen bewusst oder unbewusst zu drohen und ihnen Angst zu machen, um sie damit ins Himmelreich zu bugsieren, ist für mich heute kein Weg mehr. Denn wie sollen die Menschen später, nach ihrer Bekehrung, umschalten auf eine vertrauensvolle Liebesbeziehung zu Gott, wenn ihnen vorher noch ein ganz anderes Bild von ihm gemalt wurde?

> Das ganze Evangelium will nichts als Freude dem Menschen anbieten. Deswegen hat man sich in Acht zu nehmen, nicht einen Schreck daraus zu machen oder gar Jesus, den Freudenbringer, als einen Sinai-Donnerer hinzustellen.
> *Johann Christoph Blumhardt*[11]

IMPULS

»In Liebe die Gute Nachricht weitergeben« – wie sieht das für mich aus? Was finde ich in der Bibel dazu? Wie ist meine Prägung an dieser Stelle und wie gestaltet sich das »Weitergeben« hier und heute in meinem Leben? Woran könnte es liegen, wenn das Ganze für mich mehr Last als Lust ist, und wie könnte sich an dieser Stelle etwas verändern?

Gottes Geschichte mit uns erzählen

Menschen zu lieben und ihnen das Evangelium in Liebe weiterzusagen bedeutet für mich jetzt, die Grenzen der »Machbarkeit« zu kennen und zu wissen, wofür ich verantwortlich bin und wofür *nicht*. Heute sehe ich es so: Ich habe Jesus kennengelernt und lebe mit ihm. Ich habe Überzeugungen, die aus meinen Erfahrungen mit diesem Jesus und meinem biblisch-theologischen Verständnis erwachsen sind. In diesen Überzeugungen stehe ich fest.

Andere Menschen haben diese Erfahrung (noch) nicht gemacht oder definieren und leben ihren Glauben ganz anders als ich. Dem anderen in Liebe zu begegnen heißt für mich zunächst, das Verbindende und nicht das Trennende zu suchen! Es bedeutet, ihm nicht ständig von oben herab und besserwisserisch zu signalisieren, dass er ja gar nicht richtig glaubt. Heute finde ich es interessant und spannend zu hören, was und wie der andere denkt und glaubt – auch, wenn dahinter eine ganz andere Überzeugung steht als die, ich habe. Ich möchte mit echtem Interesse zuhören und muss mein Gegenüber weder sofort noch um jeden Preis von meiner Ansicht überzeugen.

Aber das bedeutet nicht, dass ich meinen Standpunkt um der Beziehung willen unter den Teppich kehre. Es bedeutet auch nicht, dass ich mich in Schweigen hülle, um bloß nicht anzuecken. Denn ich bin dafür verantwortlich, dass das, was Jesus dem anderen in einer Begegnung durch mich sagen will, auch gesagt

wird. Jetzt zu schweigen, wäre äußerst lieb-*los*. Was ich
sage, will ich aber in Liebe und Demut sagen. In dem
Wissen, dass ich nicht über dem anderen, sondern
auf einer Stufe mit ihm stehe. Friedrich von Bodel-
schwingh hat es ganz wunderbar so ausgedrückt: »Ein
Bettler sagt dem anderen, wo es Brot gibt. So ist es,
wenn Christen von ihrem Glauben erzählen.«

Dabei ist es für mich sehr wichtig, dass ich in Bezug auf meinen Glauben sprachfähig bin und bleibe. Denn dafür bin ich ebenfalls verantwort- lich. Das bedeutet zum einen, dass ich in der Lage bin, Gottes

Ich bin dafür verantwortlich, dass das, was Jesus dem anderen durch mich sagen will, auch gesagt wird. Jetzt zu schweigen, wäre lieblos.

Geschichte mit mir ganz persönlich zu erzählen. Das
ist nicht leicht, denn was Gott in unserem Leben getan
hat, empfinden wir oft als etwas sehr Intimes und Persönliches. Aber Menschen in Liebe zu begegnen heißt
für mich, dass ich mich öffne und andere in diesen persönlichen Bereich hineinschauen lasse.

Zum anderen bedeutet Sprachfähigkeit in Bezug auf
meinen Glauben, dass ich die Gute Nachricht verständlich weitergeben kann. Denn meine eigene Geschichte
mit Gott ist zwar eine wertvolle, aber auch eine subjektive
Erfahrung. Die Menschen, mit denen ich spreche, sollen
aber wissen, dass Gott nicht nur mich, sondern auch sie
liebt, dass Jesus nicht nur für mich, sondern auch für sie
am Kreuz gestorben ist. Für diese biblische Botschaft will
ich verständliche Worte haben! Was andere nun aber mit

diesen Worten machen, dafür bin ich dann allerdings nicht mehr verantwortlich! Das gehört dann in *ihren* Zuständigkeitsbereich. Diese Grenze will ich respektieren.

Petrus drückt es so aus: »Macht Christus zum Herrn eures Lebens. Und wenn man euch nach eurer Hoffnung fragt, dann seid immer bereit, darüber Auskunft zu geben, aber freundlich und mit Achtung für die anderen« (1. Petrus 3,15-16). Besser kann man gar nicht zusammenfassen, was es bedeutet, das Evangelium in Liebe weiterzugeben!

Man wird immer am wirksamsten das Evangelium verkündigen, wenn die Personen, an welche man sich wendet, fühlen, dass man aus Liebe zu ihnen spricht.

Hermann Heinrich Grafe

IMPULS

Bin ich in der Lage, Gottes Geschichte mit mir persönlich in Worte zu fassen? Und habe ich verständliche Worte, um die Gute Nachricht von Gottes Liebe zu den Menschen weiterzugeben? Wie könnte ich authentisch und ganz zu mir passend davon sprechen? Ich möchte bereit sein, wenn Jesus durch mich Menschen begegnen will! Und nach dieser Begegnung werde ich die Menschen wieder loslassen, denn Gott kümmert sich um sie.

Gott kann!

In Liebe das Evangelium weitergeben, ohne Druck, Angst oder inneren Zwang, gelingt mir am besten, wenn ich mir bewusst mache, dass das, was Jesus durch mich tut und sagt, in jedem Fall Wirkung hat und etwas beim anderen verändert – ob ich das nun mitbekomme oder nicht. Wie oft erzählen Menschen, die irgendwann in ihrem Leben in eine Beziehung zu Jesus finden, dass es früher Eltern oder Großeltern, eine Arbeitskollegin oder einen Nachbarn gab, die ihnen von Gott und ihrem Glauben an ihn erzählt haben. »Damals«, so hört man dann oft, »habe ich total ablehnend reagiert und signalisiert, dass mich das Ganze überhaupt nicht interessiert. Aber insgeheim habe ich gespürt, dass diese Menschen etwas hatten, was mir fehlte. Sie haben eine Sehnsucht in mir geweckt, die mich nie mehr so richtig losgelassen hat. Ich war nur einfach noch nicht so weit.« Doch Jahre oder Jahrzehnte später geht die Saat dann auf! In Jesaja 55,10-11 lesen wir:

> Regen und Schnee fallen vom Himmel und bewässern die Erde. Sie kehren nicht dorthin zurück, ohne Saat für den Bauern und Brot für die Hungrigen hervorzubringen. So ist es auch mit meinem Wort, das aus meinem Mund kommt. Es wird nicht ohne Frucht zurückkommen, sondern es tut, was ich will, und richtet aus, wofür ich es gesandt habe.

Wenn Gott spricht, hat das Wirkung – darauf können wir uns verlassen! Aber den Zeitpunkt, an dem ein Mensch diese Wirkung verspürt und dann auch dementsprechend darauf reagiert, bestimmen nicht wir, sondern Gott! Mit diesem Wissen können wir ganz entspannt sagen und tun, was Gott uns aufträgt, und den Rest ihm überlassen. Gott allein entscheidet auch, *wie* es geschieht, dass jemand zu ihm findet.

Wenn Gott spricht, hat das Wirkung. Aber den Zeitpunkt bestimmen nicht wir, sondern Gott!

Zwei unserer Kinder hatte sich über viele Jahre hinweg in einem schleichenden Prozess vom Glauben völlig verabschiedet. Wir haben sehr viel für sie gebetet, aber lange, sehr lange Zeit passierte nichts. Das belastete mich sehr, zumal ein Leben ohne Jesus gerade in jungen Jahren eine Menge unguter Entscheidungen nach sich zieht, die für den weiteren Verlauf des Lebens schwerwiegende Konsequenzen haben können.

Wenn ich derart besorgt um Menschen bin, brauche ich unbedingt Jesus, der mich wieder in die richtige Spur zurückbringt. Und das tut er, wie ich selbst erlebt habe! Als mich der Gedanke an meine Kinder wieder einmal besonders stark umtrieb, hatte ich in einer Gebetszeit auf einmal ein inneres Bild vor Augen: Ich sah Jesus mit meinen beiden Töchtern am Strand stehen. Die Sonne schien, der Wind zerzauste ihre Haare und im Hintergrund rauschte das Meer. Die drei posierten für ein Foto und hatten dabei augenscheinlich jede Menge Spaß. Jesus stand in der

Mitte, hatte jeweils einen Arm um die Schultern der Jugendlichen gelegt und strahlte mit den beiden um die Wette. Dann zog er die beiden noch enger zu sich heran und machte mit einer Hand ein Selfie.

Das Ergebnis war ein fröhliches Bild, aus dem mir die gegenseitige Zuneigung und Lebensfreude nur so entgegensprühte! Ein Bild mit einem souverän lachenden Jesus, der zu sagen schien: »Entspann dich, Mama, ich kümmere mich um eure beiden Töchter!«, und: »Schau mal, wie gut sie bei mir aufgehoben sind!« Ein Bild, das ich tief in meiner Seele abspeicherte und immer wieder hervorholte, wenn mich die Sorge um meine Kinder umtrieb.

Lange Zeit passierte ... nichts. Ich hatte nur dieses Bild und damit die Aufforderung »Lass los, ich kümmere mich!«. Sonst hatte ich nichts. Bis Jahre später eine der beiden Töchter eines Morgens direkt nach dem Aufwachen wie aus dem Nichts die Erkenntnis traf: »Ich habe etwas ganz Entscheidendes in meinem Leben verloren – nämlich meinen Glauben und meine Beziehung zu Jesus. Deswegen fühle ich mich so leer. Ich brauche Jesus!« Ohne Ansprache von außen wurde sie von Gott berührt und krempelte ihr Leben an entscheidenden Stellen völlig um. Heute steht sie fest in der Nachfolge. Auch unsere andere Tochter fand ohne unser Zutun den Weg zu Jesus zurück, und zwar völlig unerwartet und auf eine Weise, die wir gar nicht auf dem Schirm hatten.

Gott kann! Das lesen wir auch immer und immer wieder in der Bibel. In 2. Könige 22,1-13 wird uns berichtet, dass nach siebenundfünfzig Jahren gottloser und grausamer Herrschaft von Manasse und seinem Sohn Amon Jahwe aus dem kollektiven Gedächtnis des Volkes Israel komplett gelöscht zu sein scheint. Aber dann erscheint wie aus dem Nichts ein König, der zunächst ohne äußerlich erkennbaren Anlass tut, was Gott gefällt. Unter anderem lässt er auch den verkommenen Tempel wieder ausbessern. Bei diesen Arbeiten taucht etwas Vergessenes aus längst vergangener Zeit auf: die Thora, das Gesetz- und Bundesbuch des Herrn. Es folgt eine Zeit der Buße und Neuorientierung, in der die Missstände beseitigt werden. Und plötzlich ist Gott wieder mittendrin. Gott kann!

Gott kann da handeln, wo Situationen völlig verfahren sind und Menschen sich sehr weit von ihm entfernt haben. Es ist für Gott überhaupt nicht schwer, sich wieder ins Gespräch zu bringen und alles umzukrempeln. Wir können die Menschen, die Gott uns anvertraut hat, ganz getrost *los*-lassen und Gott *über*-lassen. Es ist seine Sache, sich um sie zu kümmern, und er wird es tun. »Werft alle Sorgen auf ihn, denn er kümmert sich um euch«, heißt es in 1. Petrus 5,7 (EÜ). Was für eine Zusage und was für ein Vorrecht!

Das Entscheidende ist: Für Gott ist alles möglich. Das ist ewig wahr und also wahr in jedem Augenblick.

Sören Kierkegaard

IMPULS

Es gibt Menschen in meinem Leben, die mir sehr wichtig sind, bei denen Gott aber scheinbar gar keine Rolle mehr spielt oder auch noch nie gespielt hat. Ich muss mir aber keine Sorgen um sie machen, denn: Gott kann! Jenseits meiner Möglichkeiten kann er Menschen begegnen und ihr Leben völlig umkrempeln. In Liebe das Evangelium weitergeben heißt manchmal »nur« beten und warten, bis Gottes Zeitpunkt gekommen ist!

Alles! Wirklich alles?
In Liebe den Alltag gestalten

In den bisherigen Kapiteln ging es vorwiegend um die Frage: Wie können wir unser *Miteinander* in Liebe gestalten? Und da der erste Korintherbrief sehr viele Beziehungsthemen anspricht, ist dieser Schwerpunkt auch richtig. Aber tatsächlich heißt es in der Jahreslosung: »*Alles*, was ihr tut, geschehe in Liebe.« Alles, wirklich alles? Tatsächlich ist mein Leben – wie bei den meisten von uns – gefüllt von Banalitäten: aufstehen, essen, arbeiten, putzen, waschen, kochen, im Garten werkeln, telefonieren, Sport machen, Freizeit gestalten und so weiter. Und all diese Dinge soll ich von der Liebe motiviert tun? Wie soll das gehen?

Wenn ich genauer darüber nachdenke, wird mir klar: Genau diese Normalität ist die Bühne, auf der unser Leben, auch unser geistliches Leben, spielt. Geistliches Leben und göttliche Liebe sind nichts Abstraktes, sondern müssen in unserem Leben sichtbar sein. Spiritualität ist nach der Bibel etwas sehr Praktisches und sollte immer zu unserem Alltag und zu unserer Normalität passen. Ja, sie *darf* passen! So, wie Gott in Jesus ganz Mensch geworden ist, dürfen auch wir ganz Mensch sein und in unserem ganz alltäglichen, normalen Menschsein

Nachfolge gestalten. Paulus schreibt an anderer Stelle: »Und alles, was auch immer ihr tut oder sagt, soll im Namen von Jesus, dem Herrn, geschehen, durch den ihr Gott, dem Vater, danken sollt« (Kolosser 3,17).

Häufig unterschätzen wir das Potenzial und die Möglichkeiten, die in unserer Normalität stecken. Dann verweigern wir unserem Alltag die nötige Aufmerksamkeit, verrichten unsere alltägliche Arbeit lustlos und versuchen, sie so schnell wie möglich hinter uns zu bringen. Immer in der Erwartung, dass danach dann das Eigentliche, das Besondere und die außergewöhnliche Situation oder Aktion liegt, in der wir dann in Sachen Liebe richtig loslegen und Liebe üben können. Doch Jesus lieben und ihm dienen kann ich in jeder Art von Arbeit und Aktivität, in jeder Situation – sei es nach menschlichem Ermessen eine besondere oder eine ganz alltägliche.

Achtsam leben und handeln

Liebe hat sehr viel mit Achtsamkeit und Wertschätzung zu tun. Denn was oder wen ich liebe, den behandle ich mit Respekt und wende mich ihm ganz zu. Wenn ich das auch mit den Banalitäten meines Lebens tue, dann passiert und verändert sich etwas in mir.

Vor einiger Zeit musste ich eine große Pflanze in meinem Wohnzimmer dringend umtopfen. Diese Arbeit kann ich sehr seelenlos, als etwas, was nun mal notgedrungen getan werden muss, erledigen. Wie anders aber ist es, wenn ich sie mit Achtsamkeit und aus einer Haltung der Liebe zum Leben und damit auch zu meinem Alltag heraus verrichte! Mit dieser aufmerksamen und dem Leben zugewandten Haltung entdecke ich, dass der viel zu eng gewordene Topf und der völlig durchwurzelte Ballen ein Sinnbild sind für so manche Enge und manches Drückende in meinem Leben, was mich an Wachstum und Entfaltung hindert. Was für eine spürbare Wohltat, wenn ich einen größeren Topf nehme, viel frische, lockere und gut duftende Erde hineinfülle, die Pflanze aus ihrer Beengtheit befreie und ihr neuen Lebensraum schaffe! Führe ich diese Handlung bewusst und achtsam durch, dann merke ich, dass auch ich immer wieder neuen Lebensraum brauche, mehr Freiheit und mehr Weite. Meine Wurzeln brauchen Platz, um neue Nahrung aufnehmen zu können, damit ich weiterwachsen kann.

Das Umtopfen einer Pflanze – eine ganz alltägliche, banale Handlung. Und doch so wertvoll und bereichernd, wenn ich sie nicht nur notgedrungen, sondern mit wertschätzender Aufmerksamkeit ausführe. Dann kann der Alltag zu einem Ort werden, wo ich Jesus begegne, wo er zu mir spricht und mich wichtige Dinge über mich und das Leben lehrt.

Ein weiteres Beispiel: Immer wiederkehrende, manchmal eintönige Putzarbeiten, deren Spuren schneller verwischt als von mir gelegt sind, haben mich früher oft genervt. Aber wenn ich sie mit Liebe zum alltäglichen Leben

verrichte, dann lerne ich dabei, dass viele kleine Schritt-
chen zum Ziel führen und Ausdauer und Dranbleiben
letztendlich belohnt werden. Damit übe ich im »unbedeu-
tenden« Alltag etwas ein, was ich dann in »bedeutenden«
Lebenssituationen gut gebrauchen kann. So trainiert der
Stau, in dem ich vielleicht jeden Tag stehe, meine Geduld,
der chronisch schlecht gelaunte Kollege meine Trotzdem-
Freundlichkeit und der tägliche Anruf oder Besuch bei alt
gewordenen Eltern meine Treue und Verbindlichkeit.

Lauter Alltagssituationen. Doch unterschätzen wir
den Wert des Alltags nicht, denn was wir bereits im
Kleinen gelernt haben, können wir dann auch im Großen besser abrufen und umsetzen! Wo wir uns aber im
Kleinen verweigern, werden wir die geforderten Kompetenzen auch im Großen nicht draufhaben. Deswegen:
»*Alles*, was ihr tut ...!«[12]

> Wenn du Liebe hast, spielt es keine Rolle, ob
> du Kathedralen baust oder in der Küche Kar-
> toffeln schälst.
>
> *Dante Alighieri*

IMPULS

Was bedeutet es für mich, die Normalität
meines Alltags in Liebe zu gestalten? In der
nächsten Zeit werde ich diese Frage ganz
bewusst in mein Alltagsleben hineinnehmen.

Die Liebe ist das Größte

Das waren einige Gedankenanstöße zur Jahreslosung 2024 und zu der Frage, wie es in unterschiedlichen Bereichen unseres Lebens aussehen könnte, aus Liebe heraus zu leben. Sie werden im Laufe des Jahres noch viele, viele andere Situationen entdecken, in denen der Satz »Alles, was ihr tut, geschehe in Liebe!« Ihr Leben verändern könnte. Denn in einem Buch wie diesem kann man das Thema Liebe, wie bereits anfangs erwähnt, gar nicht erschöpfend behandeln.

Da gibt es zum Beispiel auch die Feindesliebe, die wir hier noch gar nicht erwähnt haben. Eine höchst herausfordernde Sache! Diesbezüglich sagt Jesus doch tatsächlich:

> Ihr habt gehört, dass es im Gesetz von Mose heißt: »Liebe deinen Nächsten« und hasse deinen Feind. Ich aber sage: Liebt eure Feinde! Betet für die, die euch verfolgen! So handelt ihr wie wahre Kinder eures Vaters im Himmel.
>
> *Matthäus 5,43-44*

Ich denke da an eine Frau, die mir erzählte, dass sie jahrelang voller Hass gegenüber der Person war, die wegen Trunkenheit am Steuer ihren Sohn totgefahren hatte. Kann man diesen (durchaus verständlichen Hass) überwinden und durch die Liebe versöhnt auf die Situation schauen? Kaum vorstellbar! Und aus eigener Kraft wohl auch gar nicht möglich. Aber die Frau begegnete Jesus und er machte sie durch *seine* Liebe frei von ihrem selbstzerstörerischen Hass. Jetzt konnte sie tatsächlich für diesen Feind in ihrem Leben beten und ihn segnen. Die Liebe hatte gesiegt!

Vielleicht gibt es in Ihrem Leben aber auch gar keine »richtigen« Feinde und kein »Hassen«? Nein, so krass würden Sie Ihre Gefühle gegenüber manchem unangenehmen Zeitgenossen nicht beschreiben. Aber von Liebe kann natürlich auch keine Rede sein. Eher von Antipathie, Genervtsein oder Gleichgültigkeit. Was bedeutet es nun, im Umgang mit diesen Menschen den Grundsatz »Alles, was ihr tut, geschehe in Liebe!« umzusetzen?

So wird die Aufforderung, alles, was wir tun, in Liebe geschehen zu lassen, uns im kommenden Jahr in manchen Bereichen sehr herausfordern. Diese Bereiche werden sehr unterschiedlich sein, weil wir alle ganz unterschiedliche »Baustellen« in unserem Leben und unseren Beziehungen haben. Möglicherweise sind es bei Ihnen Lebensbereiche, in denen Sie die Jahreslosung unter Tränen durchbuchstabieren müssen. Bereiche, in denen Sie mit Jesus ringen und sich von ihm zeigen lassen müssen, was Liebe an diesen Stellen heißt und was es *nicht* heißt. Vielleicht werden Sie neue Wege gehen müssen, weil diese Liebe Sie dazu herausfordert, oder in einer schwierigen Situation bleiben und aushalten, weil Jesus sein »Go« nicht gibt. So oder so sollen Sie wissen, dass dieser Jesus, der die Liebe Gottes in Person war und ist, nicht von Ihrer Seite weicht. Solange Sie in seiner Nähe bleiben, brauchen Sie keine Sorge zu haben, in puncto Liebe unterversorgt zu sein.

Ich wünsche mir jedenfalls, dass wir alle die Jahreslosung im Blick behalten. Dass wir sie nicht am Anfang des Jahres hören und dann wieder vergessen, sondern dass sie mit uns durch das ganze Jahr geht.

Ich wünsche mir, dass wir gemeinsam durch diese Liebe unsere Welt verändern und sie durch uns ein hellerer, freundlicherer und liebevollerer Ort wird. Ich wünsche mir, dass wir am Ende von 2024 viele große und kleine Ereignisse und Begebenheiten zusammentragen können, in denen Gott und der Glaube an ihn zünden konnten, weil wir Freiheit und Mut hatten, alles auf die Liebe zu setzen.

Ich wünsche mir, dass Gott Sie und mich 2024 in ganz besonderer Weise mit seiner Liebe segnet!

Glaube, Hoffnung und Liebe, diese drei bleiben. Aber am größten ist die Liebe.

1. Korinther 13,13

Anmerkungen

Alle Internetlinks wurden am 24. April 2023 geprüft.

1 Die Ökumenische Arbeitsgemeinschaft für Bibellesen stellt
   für jedes Jahr einen Bibelleseplan für jeden Tag des Jahres
   zusammen. Die Jahreslosung wird immer vier Jahre zuvor aus diesem Bibelleseplan für das betreffende Jahr ausgewählt. Christen im ganzen deutschsprachigen Raum
   beschäftigen sich dann in dem jeweiligen Jahr mit diesem
   Leitsatz. Die erste Jahreslosung wurde in den 1930er-Jahren
   herausgegeben. Weitere Informationen zur Jahreslosung
   finden Sie unter https://jahreslosung.net.

2 *Bonhoeffer, Dietrich:* Gemeinsames Leben, 12. Auflage,
   München: Chr. Kaiser Verlag 1986, S. 25.

3 *Niebuhr, Reinhold,* zitiert nach: *Oetinger, Friedrich (Theodor
   Wilhelm):* Wendepunkt der politischen Erziehung, Stuttgart:
   Metzler 1951, S. 251. Vgl. auch *Zwink, Eberhard:* Gelassen-
   heitsgebet, Vortrag in der Württembergischen Landesbiblio-
   thek Stuttgart, 19. Februar 2007. https://www.wlb-stuttgart.
   de/sammlungen/handschriften/bestand/nachlaesse-und-
   autographen/oetinger-archiv/gelassenheitsgebet/.

4 *Festing, Heinrich:* Adolph Kolping und sein Werk, Freiburg
   i. Br./Basel/Wien: Herder 1981, S. 140.

5 *Aurelius Augustinus:* Opera Omnia 2–3, Paris: Apud Gaume
   Fratres 1837, S. 2547. Übersetzer unbekannt.

6 *Thoreau, Henry David:* Walden. Leben in den Wäldern, Hamburg: Gröls 2022, S. 11.

7 *Smiles, Samuel:* Der Charakter, Leipzig: J. J. Weber 1872, S. 259.

8 *Reisinger, Franz* (Hg.): Deutsche Ausgabe der Werke des Heiligen Franz von Sales, Eichstätt: Franz von Sales Verlag 1971, S. 26.

9 *Petri, Moritz* (Hg.): Johann Georg Hamanns Schriften und Briefe, Band 1, Hannover: C. Mayer 1872, S. 309.

10 *Luther, Martin et al.:* Dr. Martin Luthers sämtliche Werke in beiden Originalsprachen nach den ältesten Ausgaben kritisch und historisch bearbeitet: Briefwechsel, Band 7, Frankfurt a. M.: Schriften-Niederlage des ev. Vereins 1897, S. 334.

11 *Blumhardt, Johann Christoph:* Sammlung von Morgenandachten nach Losungen und Lehrtexten der Brüdergemeine, gehalten in den Jahren 1862 und 1863 zu Bad Boll, Verlag nicht ermittelbar 1873, S. 185.

12 In Auszügen aus: *Hinz, Tamara:* Schatzmeister – 70 biblische Impulse für ein gelingendes Leben, Moers: Joh. Brendow & Sohn 2022, S. 20 f.